SOUVENIRS D'UNE GLOBE-TROTTEUSE

Pour contacter l'auteur

mcgrisar@yahoo.fr

© 2022 Marie-Claire Grisar
ISBN : 9782322401987

Édition : BoD – Books on Demand,
12/14 rond-point des Champs-Élysées, 75008 Paris.
Impression : BoD - Books on Demand,
Norderstedt, Allemagne.

Dépot légal : avril 2022

Marie-Claire GRISAR

SOUVENIRS D'UNE GLOBE-TROTTEUSE

HYMNE À LA LIBERTÉ ET À LA JOIE
DE VIVRE L'INSTANT PRÉSENT

SOMMAIRE

Dédicace 7
Chapitre 1. C'est ici que tout a commencé 9
Chapitre 2. Petit changement de programme et début d'aventure 15
Chapitre 3. Bournemouth me voici ! 23
Chapitre 4. Un petit tour en Suisse 33
Chapitre 5. Rencontre de deux femmes suivie de départs à destinations lointaines 37
Chapitre 6. Maroc autre monde, autre culture, autre continent 41
Chapitre 7. Retour en Europe et tribulations hispaniques !..55
Chapitre 8. Ibiza, un rêve devenu réalité ! 65
Chapitre 9. Un retour folklorique 69
Chapitre 10. Viva Mexico ! Nouveau départ 75
Chapitre 11. Mésaventures locales 83
Chapitre 12. Souvenirs de notre « voyage » 91
Chapitre 13. Puerto Vallarte 99
Chapitre 14. De la terre à la mer 105
Chapitre 15. Mexico et départ vers le Sud 111
Chapitre 16. Fin de périple et retour 125
Chapitre 17. Nouvel envol 133
Chapitre 18. Choix de vie 149

Je dédie ce livre à tous les amoureux de la liberté, qui la défendent et l'inspirent dans le monde entier. Également à tous les amoureux de la Terre et de ses beautés, qui la parcourent inlassablement, la chérissent et la respectent.

Ma profonde gratitude va à Martine L, globetrotteuse invétérée, qui m'a encouragée, stimulée et convaincue d'écrire ce livre, lorsque nous travaillions ensemble et que nous nous racontions nos souvenirs de voyage.

Je dédie également ce récit dont elles font partie, avec beaucoup d'amour, à Pascale et Cécilia, deux femmes merveilleuses qui sont toujours dans ma vie et avec qui je continue à partager des moments de grandes qualités.

À l'envol de mon magnifique et si sensible fils.

À Bruno, complice dans la joie de l'instant présent, grand voyageur passionné, premier lecteur et correcteur de ce livre, avec mon infinie gratitude.

Également à tous mes nouveaux amis des barricades de Belgique, d'Andalousie et d'ailleurs, dans la drôle de période « plandémie covid » que nous avons vécue. Spécialement à Yves et Olivier qui l'inspirent cette merveilleuse liberté, l'incarnent et comme moi la vénèrent.

Et à toi enfin, chers lectrice et lecteur, en espérant que ce modeste récit te conduise à accomplir qui tu es vraiment dans l'authenticité de ton être, et qu'il te stimule à vivre ce qui t'anime, te passionne.

Marie-Claire Grisar

CHAPITRE 1

C'est ici que tout a commencé...

Nous voici réunis, une fois de plus, dans cette cave transformée en chambre où Jean-Marc – et son charmant sourire –, nous reçoit.

Nous sommes tous assis sur le lit où à même le sol, face à cette carte du monde qui remplit tout le mur du fond...

Jean-Marc habite avec sa mère, il a 19 ans. L'appartement où ils vivent n'a qu'une chambre et ils ont donc aménagé la sienne dans la cave. C'est l'endroit de prédilection de notre petit groupe pour nous retrouver, du haut de nos 17 à 20 ans...

J'ai connu Jean-Marc via un de ses meilleurs amis, Philippe, qui était dans la même classe que moi, depuis une année. Nous y avions atterri, lui et moi, un an auparavant, le jour de la rentrée scolaire, avec comme point commun deux ans de retard, dans un système scolaire qui n'était vraiment pas fait pour nous.

Pour la première fois, je me retrouvais en secondaire dans une classe mixte. Je venais de passer cinq ans dans une école très classique, pour filles exclusivement, de celles que l'on qualifiait à l'époque « d'un bon niveau scolaire ».

Philippe m'a tout de suite plu avec son humour décalé et taquin, et sa personnalité discrète. Il était un des seuls avec qui je me sentais à l'aise pour communiquer ou rire, ce qui était nécessaire dans un système scolaire où peu de profs avaient envie d'enseigner. À l'époque, j'ai passé sept ans de ma vie à attendre que les journées s'écoulent, afin de pouvoir vivre « des moments plus passionnants » : les fins de journées. Car en plus de traîner cet ennui journalier, nous devions faire une multitude de devoirs, week-end inclus.

Mon parcours scolaire a été un véritable calvaire. Étant de nature timide, rêveuse et romantique, le chauffage et le fond de la classe m'ont toujours plus convenu, que d'écouter 90 % des professeurs qui attendaient, autant que moi, la fin de la journée, mais pas pour les mêmes raisons.

Dyslexique, j'étais incapable de m'intégrer dans le système classique. Après un retard évident, j'ai dû, à sept ans, pour le rattraper, apprendre à lire en chantant, mais également à écrire car mon écriture était illisible et mon orthographe pitoyable. C'est grâce à un professeur privé avec qui je passais 2 heures tous les mercredis après-midi et les samedis matin, pendant un an, que j'ai pu récupérer le niveau scolaire des enfants de mon âge.

Aujourd'hui, je ne sais toujours pas écrire sans fautes, mon cerveau n'enregistre pas comment s'écrivent les mots et comme beaucoup de dyslexiques, j'inverse les lettres en les écrivant. Mon écriture n'a rien d'harmonieuse et en plus, ma mémoire à court terme est défaillante. Je me suis rendu compte en étudiant avec d'autres élèves, que je mettais trois fois plus de temps à retenir les leçons et les oubliais aussi vite. Il a donc été très difficile pour moi de trouver « ma place » dans un système scolaire où l'on vous juge rapidement comme incapable, nulle ou fainéante quand vous ne rentrez pas dans « les cases », et où tout est mis en place pour ceux qui sont, naturellement, adaptés à ce système.

Toute ma vie a donc été handicapée, autant sur le plan scolaire que professionnel. Il m'a fallu plus de quarante ans pour l'accepter. Trop souvent, j'ai vu les regards des adultes me désigner comme une imbécile à cause de mon orthographe défaillante, car pour eux étudier était facile, naturel. Ils ne pouvaient pas comprendre mes failles et les jugeaient de haut. Sans compter aussi les moqueries des autres élèves tout au long de ce périlleux parcours...

Après tant d'années de galère dans les études, commencées au niveau primaire (professeurs privés mercredi après-midi et/ou soirées et week-ends, pour compenser mes lacunes), et suivies de cinq années de secondaire où en plus de doubler (redoubler, disent les français), j'ai passé mon temps à étudier les étés afin de passer mes examens de passage, j'ai donc été obligée de quitter le lycée classique, sinon je perdais encore un an, ayant failli en anglais à mon examen. La seule solution que proposait le lycée pour que je puisse passer l'année, c'est que ma mère trouve une école qui m'accepte sans l'anglais. C'est ce que ma merveilleuse maman a fait. Elle qui avait trois enfants à gérer, et pas des plus simples, avec un mari/père absent et un travail de chef d'entreprise à la clé.

L'athénée d'enseignement rénové, qui est l'équivalent en Belgique d'un collège dans le système scolaire français, où j'ai abouti à dix-sept ans, début septembre 1979, proposait comme choix la troisième langue ou l'option « sciences sociales ».

Me voilà donc fraîchement débarquée dans la commune de Ganshoren, au sein de cette école mixte d'un niveau bien inférieur au lycée classique « de bonne famille », qui m'avait accueillie au centre-ville de Bruxelles pendant cinq ans. Grâce à ce nouveau départ dans une vie scolaire bien moins astreignante, s'agissant des devoirs et des apprentissages, j'ai pu commencer à « vivre ma jeunesse », ayant enfin du temps devant moi pour m'épanouir pleinement.

Philippe et moi sommes d'ailleurs arrivés, comme nouveaux élèves, le jour même de la rentrée scolaire, et pendant deux ans nous avons partagé bien plus que des cours, une véritable amitié. Celle qui va me projeter petit à petit dans une vie de voyages et de goût pour la liberté, qui sont aujourd'hui encore, l'un comme l'autre, de grands stimulants dans ma vie.

Une certaine Lydia était également avec nous en classe et Philippe et moi avons tout de suite sympathisé avec elle. Peu à peu, nous avons commencé à nous voir à l'extérieur de l'école. Lydia habitait à dix minutes à pied de ma maison et me rejoignait souvent chez moi ou parfois moi chez elle.

Après quelques temps, Lidia et moi étions très proches de Philippe, et nous avons donc commencé à sortir ensemble. De fait, un an plus tard, il nous a présenté Jean-Marc et ses amis Luc, Éric et Martin...

Je viens d'évoquer devant vous toutes les raisons qui font que nous nous retrouvons tous réunis aujourd'hui, devant cette carte du monde, dans cette chambre cave où nos rires et notre complicité ont toujours été présents. Francine, la maman de Jean-Marc, nous a d'ailleurs souvent gâtés de bonnes choses à grignoter ou à boire, et a toujours respecté notre intimité amicale.

Je regarde donc à présent cette carte du monde et j'écoute Jean-Marc et Philippe raconter leur projet de partir plusieurs mois en Asie, l'année suivante. Ils ont marqué de pastilles de différentes couleurs les pays et les lieux où ils désirent se rendre et faire notamment la fête, une des envies qui les unit dans leur belle amitié.

Philippe, assez grand, de corpulence mince, cheveux et yeux bruns, a beaucoup de charme avec son visage aux traits réguliers et de grosses cernes sous les yeux, dues aux abus en tout genre qu'il expérimente depuis des années, à travers la drogue ou l'alcool. C'est surtout son sourire moqueur et sa personnalité discrète et calme qui peaufine son charme. Il a l'art de nous faire croire n'importe quoi !

Et d'en rire en plus !

Jean-Marc, taille moyenne, très mince, cheveux châtain clair et des yeux bruns transparents, a quant à lui un charme incroyable et son sourire en fait craquer plus d'une !

En les écoutant dérouler leur projet commun, je réalise qu'à dix-neuf ans je n'ai aucune projection d'avenir, et que je vis ma vie sans me poser de questions, au jour le jour, sauf à me demander ce que je vais pouvoir étudier la prochaine année quand j'aurai terminé la rhétorique (l'équivalent du bac en France).

Dans notre groupe, il y a Éric, grand, mince, aux cheveux bouclés châtains, qui a déjà pas mal bourlingué du haut de ses vingt ans. Il a voyagé aux États-Unis et en Amérique du Sud, notamment en auto-stop et je l'écoute, fascinée, raconter ses souvenirs de globe-trotteur. Passionné de voyages également, il travaille dans un hôtel restaurant quatre étoiles dans le centre-ville, et il met de côté chaque mois afin de pouvoir repartir au plus vite.

À travers leurs histoires, à force de les entendre et de voir cette carte du monde étalée devant moi, je m'imagine à mon tour voyager vers des contrées lointaines pour y découvrir des coutumes et des langues différentes, et ce désir-là m'enflamme de plus en plus...

Et fatalement, quelques mois plus tard, j'annonce à ma mère que je ne veux plus étudier après le secondaire et que la seule chose que je désire maintenant, c'est « faire le tour du monde » !

CHAPITRE 2

Petit changement de programme et début d'aventure

Les mamans essayent toujours de trouver ce qui peut le mieux convenir à leur enfant... Selon leurs valeurs bien sûr !

Quelques semaines avant la fin de l'année scolaire, je rentre un soir en voiture avec ma mère. Elle m'explique qu'elle m'a organisé des cours intensifs de langues en néerlandais et en anglais, pendant quatre mois, dès septembre à Bruxelles.

Afin de calmer mes envies de voyages, elle me propose de faire suivre ces mois de cours, dès janvier, par des séjours en Hollande, dans une famille, avec cours intensifs de néerlandais en journée, suivis par un autre d'un mois dans une nouvelle famille, et dès le printemps, par trois mois de cours d'anglais au Royaume-Uni, sur la côte, à Bournemouth, dans une école internationale.

Elle m'annonce enfin que si je suis d'accord, cela se poursuivra par des études de tourisme sur deux ans (mémoire et pratique inclus), dans une autre ville en Belgique, avec logement sur place.

Après un léger temps de réflexion, j'accepte tout en bloc. Des études courtes me conviennent et mes envies de déplacements à l'étranger sont également prises en compte. La gâtée que je suis va pouvoir commencer à réaliser une petite part de ses rêves...

Quelques mois après, Michel, mon frère ainé, me conduit donc avec son amie de l'époque, Annie, jusqu'à la ville de S'Hertogenbosch (Bois-Le-Duc), afin de m'installer dans la première famille hollandaise qui va m'accueillir à demeure.

Assise à l'arrière de la voiture, je ne suis pas très à l'aise et me pose plein de questions, mes peurs remontent. Dans quel genre de famille vais-je atterrir, y aura-t-il des élèves sympas aux cours que je vais suivre ? Bref, la « future grande aventurière » que je rêve d'être est dans ses petits souliers !

Sur le trajet, la douce Annie se retourne régulièrement et me sourit, ainsi que mon frère, qui nous raconte quelques blagues. Ils perçoivent, me semble-t-il, mon trouble et mon état d'âme...

Je reste d'ailleurs silencieuse.

Nous arrivons 2 heures plus tard devant une maison traditionnelle hollandaise, dans une rue tranquille où toutes les habitations sont comparables. La famille qui m'accueille se compose de quatre personnes : papa, maman et leurs deux filles âgées d'environ dix et treize ans. Nous nous installons devant une boisson chaude et le papa se présente. Pendant plusieurs minutes il répète en néerlandais qu'il est « timmerman ». Mon niveau de néerlandais n'étant pas élevé, je me demande pourquoi il me répète si souvent son nom de famille !!! Finalement, mon frère me glisse à l'oreille qu'il parle de sa profession, et que timmerman veut dire « menuisier ». Cela commence bien sur le plan de la communication !!!

Il s'ensuit pour moi une belle crise de panique quand je vois mon frère se lever en faisant signe à Annie de le suivre ! J'ai envie de crier « au secours, je veux rentrer à la maison », car je ne me sens pas vraiment « à l'aise » ici. Mais ma fierté m'en empêche et je regarde donc mon frère partir, en essayant cependant, pour me tranquilliser, d'entrevoir déjà le jour où il va revenir me chercher, dans un mois à peine...

On me montre ensuite ma chambre et l'on m'indique, tant bien que mal, que l'on m'attend pour le dîner à 18 h. Et oui, on dîne tôt aux Pays-Bas ! Je m'installe donc dans cette chambre très simple, arrangée sans goût, et où je me sens seule et un peu déprimée, en me répétant quand même que c'était mon choix de vivre cette expérience.

À cette époque, pour beaucoup de familles hollandaises, accueillir un étudiant étranger à domicile est une source de revenu considérable et également un enrichissement culturel, parfois dans les deux sens.

En ce qui me concerne, j'expérimente la « famille caricaturale hollandaise ». Les hollandais ont la réputation d'être économe ou radin, là ils sont les deux ! Dès le premier dîner, tout ce qui n'est pas mangé est récupéré et sera réutilisé sous une autre forme dans les prochains repas. Pour être honnête, c'est en général bon. On m'apprend également à faire la vaisselle avec un minimum d'eau. Je ne comprends pratiquement rien à ce que l'on me dit, car entre la prononciation et la rapidité avec laquelle on me parle, c'est une catastrophe !

Le lendemain, au petit-déjeuner, la maman me fait goûter le *pindakaas* (beurre de cacahuète). Et là mes papilles gustatives sont tellement en joie de découvrir cette nouvelle saveur, que je me délecte et vide le pot, déjà arrivé à moitié vide sur la table... Le regard sombre de la maîtresse de maison me toise alors, avec insistance. Au final, pendant tout le reste de mon séjour, il n'y aura plus jamais de pindakaas au petit-déjeuner !!!

Quand nous rentrons de l'école nous avons droit comme goûter, ses filles et moi, à un biscuit sorti d'une boîte en métal par la main de Mme Timmerman et aussitôt refermée et reposée sur le haut de l'armoire, dans le salon. Un jour, sa fille ainée et moi restons seules dans la pièce, et là nous n'avons même pas besoin de nous parler. Complice avec moi, elle monte sur un tabouret chercher la boîte aux délices. Nous avons alors partagé quelques biscuits en nous souriant mutuellement !

Que c'est bon de braver l'interdit !

Mes cours sont agréables, le prof est « cool » et il y a très peu d'élèves. À mes heures libres, je découvre cette jolie petite ville, S'Hertogenbosh, où il fait bon vivre, et je m'y sens finalement bien.

Les semaines passent, je retourne chez moi à Bruxelles, et une semaine plus tard me voici repartie, cette fois-ci en train, dans la deuxième famille, à Den Haag (La Haye), ville bien plus grande et dynamique que celle de mon premier séjour aux pays des sabots et des tulipes.

Là, l'expérience est complètement différente. La famille qui m'accueille est composée de papa, maman et de leurs trois filles, âgées de quinze à dix-neuf ans. D'un niveau social plus élevé, ils habitent une grande maison ancienne, décorée avec chaleur, goût, et qui possèdent de merveilleux planchers en bois. J'adore les planchers en bois ! Ma chambre est belle et lumineuse. Beaucoup d'amour émane de cette famille, ce qui est nouveau pour moi. Du haut de mes vingt ans, je suis persuadée que les gens se marient uniquement pour faire des enfants, et que l'amour n'est pas présent entre les futurs parents.

L'enfance et l'adolescence de mes frères et moi ont été bercées par les colères et parfois la violence d'un père qui ne parlait pas et ne pensait qu'à lui. L'ambiance familiale représentait souvent l'enfer et ce n'est pas par hasard que je rêvais de partir très loin...

Me voici donc maintenant, s'agissant de la hauteur « physique », chez de vrais hollandais !!! Tout le monde est grand dans cette famille et j'observe cela de mon mètre soixante-trois ! Le père doit faire environ 1m90, la fille ainée 1m80 et ses jeunes sœurs sont à peine plus petites. Seule la maman à une hauteur « normale », d'environ 1m70. Ils me plaisent tous car les filles taquinent les parents ou le font entre elles. Les parents ont des gestes de tendresse quotidiens l'un envers l'autre ainsi que pour leurs enfants. Chacun s'écoute et se respecte. La joie est présente quand nous nous retrouvons aux repas. Pendant la journée, lorsque je reste seule avec la maman, elle me parle un peu en français, langue qu'elle domine merveilleusement. Je suis sous le charme de cette femme posée et au grand cœur, comme je le suis également pour toute cette famille, si vivante et si chaleureuse.

Tous les soirs, ils ont un rituel qui me séduit. Ils font un café expresso, délicieux, qu'ils servent dans le salon environ une heure après le repas, avec un petit morceau de gouda vieux, de grande qualité. Comme la madeleine de Proust, le goût et l'odeur d'un excellent café, ainsi qu'un délicieux morceau de gouda vieux, sont synonymes pour moi depuis lors, de joie, d'harmonie et de paix. Grâce à cette merveilleuse et sereine famille, j'apprends que l'amour peut-être présent, à chaque instant, dans le respect de chaque membre qui la compose.

Je visite bientôt les villes aux alentours, Delf, Amsterdam, en plus d'apprendre à bien connaître Den Haag. Je suis séduite par ce pays voisin du mien où il fait également « bon vivre ».

Nous sommes en 1981, le monde est alors complètement différent, moins rapide, plus humain, plus éduqué. Pas de satellites, ni GPS, ni Internet, ni téléphone GSM (portable, comme disent les français ou Natel comme disent les Suisses). Les gens se parlent plus facilement et plus poliment, avec un niveau d'éducation et de langage qui s'est de plus en plus amoindri au fil des années. Et ceci n'a rien à voir avec le hasard. Il n'y a pas encore ce mélange de population provoqué par des vagues d'émigration de plus en plus importantes, suite aux guerres provoquées dans les différentes parties du monde et aux vols des ressources de ces pays dits « du tiers monde ». L'Union Européenne n'existe pas, ni toutes les règles liberticides qu'ils ont installées en parallèle, ni même encore l'appauvrissement général instauré par la création de la monnaie unique, l'Euro. Sauf pour une minorité de privilégiés, bien sûr, qui continue à s'enrichir de plus en plus vite, à notre détriment.

Dans ces années-là, chaque pays d'Europe et chaque région a encore son authenticité, ses productions locales et la fierté qui va avec. La sécurité est présente pratiquement partout dans les pays de l'Europe du Nord. Qu'importe le milieu social, les gens mangent à leur faim, ont droit à l'instruction, partent au moins une fois par an en vacances. Il n'y a peu ou pas de mendiants. On vit mieux et d'une manière plus légère, mieux informés et dans une honnêteté plus présente.

Il y a également beaucoup plus de créativité dans tous les différents milieux artistiques. La globalisation n'est pas encore en chemin ! Bref, le monde est plus varié, plus passionnant que celui qui s'est installé depuis, lentement, surtout à partir du « Patriot Act » et de la création de la CEE. Le chamboulement informatique et la surveillance qui progressivement se sont installés de pair, n'ont fait qu'empirer cette situation, avec en parallèle, une solitude humaine, voulue et organisée, au cours des années qui ont suivi. N'oublions pas non plus l'organisation de la destruction des ressources planétaires, dans tous les milieux ambiants, ainsi que l'empoisonnement généralisé de la population et son asservissement.

Bien sûr, nous étions à l'époque environ quatre milliards et demi d'habitants sur la planète bleue. Maintenant, en 2022, nous nous rapprochons des huit milliards. Mais ce n'est pas la raison essentielle de ce chaos généralisé.

Rassurez-vous, chère lectrice, cher lecteur, je ferme ici la page de la situation et de l'évolution globale de notre planète et de ses habitants, ce n'est pas le sujet de mon livre. Mais j'ai la chance d'avoir connu cette époque et cette liberté qui était bien plus réelle qu'aujourd'hui. Au fil des années, j'ai donc appris, grâce à mon cheminement spirituel, à la « re-créer » en parallèle au fond de moi-même, et à l'emporter, quoi qu'il arrive et où que je sois. Car la vraie liberté est intérieure, avant tout.

Pensez à Mandela et ses 23 années passées en prison, avec quelle sagesse et quelle empathie il les a mises au service de son pays quand il en est sorti !

CHAPITRE 3

Bournemouth me voici !

Après l'hiver aux Pays-Bas, le printemps arrive ainsi que les trois mois de cours dans une école international sur la côte anglaise, à Bournemouth. Ils sont prévus avec logement dans une famille locale.

C'est avec impatience que j'attends mon départ, bien plus que pour le pays du Nord, voisin de la Belgique, où je viens de passer les deux derniers mois. L'anglais est à la mode et m'attire, ce qui n'a jamais été le cas du néerlandais, que je continue à parler très mal, malgré que ce soit la deuxième langue de ma patrie et celle de plusieurs années d'apprentissage sur les bancs de l'école. Je l'ai oublié très vite et j'ai fait peu d'effort en réalité pour l'apprendre, comme tout ce qui ne m'intéresse pas.

Dans les années 80, le voyage est long jusqu'au Sud de l'Angleterre. Cela débute par le train jusqu'à la côte belge et la ville d'Ostende. Ensuite la Malle jusqu'à Dover et pour terminer un autre train. Du coup, me voici avec ma grosse valise à déambuler sur les routes ! (Trois mois c'est long pour une jeune fille coquette, il ne faut rien oublier...)

Après avoir dit au revoir à ma mère qui m'accompagne jusqu'à la gare de Bruxelles-midi, en me délivrant quelques pounds supplémentaires en cadeau, me voici dans les transports. Dès mon arrivée au Royaume-Uni, je demande plusieurs fois sur quel quai je dois aller, afin de prendre le bon train et descendre au bon endroit. La prononciation des autochtones, une fois de plus, n'a rien à voir avec celle apprise aux différents cours d'anglais suivis durant mon parcours scolaire. Et, pour être honnête, je comprends plus le geste qui m'indique la direction que les mots prononcés !

Mais ô miracle, je parviens finalement à ma destination, la gare de Bournemouth ! Je saute alors dans un taxi qui me dépose devant ma future école.

Au secrétariat, une charmante dame me reçoit dans son bureau où elle m'explique, dans un anglais posé et bien articulé, que l'on va m'accompagner, après quelques formalités, jusqu'à mon futur logement.

J'arrive alors devant la maison où je suis censée rester les trois prochains mois. C'est en fait un couple anglais, assez âgé, qui va nous recevoir. Je dis « nous » car il y a également un étudiant Suisse-Allemand qui vient comme moi pour trois mois, et est arrivé depuis une heure environ. D'autres étudiants de notre future école restent six mois ou une année entière.

Après l'installation dans ma chambre très british, papier à fleurs sur le mur et tapis épais sur le sol, le tout avec des couleurs très vives, le premier dîner arrive. Notre hôtesse se présente alors et meuble la conversation. Son mari ne dit pas un mot. Ce sera le cas à chaque dîner, quand il sera présent, car la plupart du temps il joue au golf. C'est évident que loger des étudiants, en plus d'être une source de revenus pour le couple, est la seule occupation pour cette femme. Nous avons de la chance, c'est une excellente cuisinière. Nous apprendrons, via les autres étudiants, que c'est exceptionnel. Ils se plaindront tous de la nourriture et du manque de variété des menus dans les familles où ils logent !

Après environ trois semaines, je me décide à louer un appartement avec une suissesse qui est dans mon école et qui rapidement devient une amie. Celui-ci, très vite, va devenir le lieu de ralliement de notre groupe d'amis étudiants. En semaine, nous nous y retrouvons pour commencer ou pour terminer nos soirées.

Sur un plan pratique, il nous faut toujours conserver de la monnaie car nous devons payer le compteur électrique du lieu. Ainsi, il est arrivé plusieurs fois que l'un d'entre nous soit obligé de courir jusqu'au night shop, pour changer un billet et revenir avec les précieuses pièces, afin de pouvoir les mettre dans le compteur qui se trouve juste à côté de notre meublé. Il faut au minimum quatre pièces. Parfois les magasins sont déjà fermés et ils ne restent que les bougies pour nous éclairer jusqu'au lendemain matin...

Situé au rez-de-chaussée, l'appartement est composé d'une chambre avec une petite terrasse, et d'un jardin. Nous l'avons loué pour deux mois. Je dors dans le salon et mon amie dans la chambre.

Le lendemain de mon arrivée correspond au premier jour dans mon établissement scolaire. Ce jour-là, le directeur nous explique que nous allons faire un test, qu'il n'y a pas de jugement concernant notre niveau d'anglais, mais que cela va juste permettre de nous orienter vers le bon groupe, afin de progresser plus vite. Les tests sont écrits et oraux. Sur cinq niveaux, je suis dans le second, juste au-dessus des plus faibles.

Les cours commencent dès la fin de la matinée. Le professeur se présente, il ne nous parle qu'en anglais en articulant et en parlant très lentement. C'est lui qui nous fera le cours tous les matins. Les après-midi nous avons la possibilité de suivre des cours optionnels en littérature, histoire, géographie... Nous sommes avec les élèves des autres niveaux. Je choisis littérature.

De toute ma vie, ce fût la meilleure école et les meilleurs cours que j'ai suivis. Les professeurs sont drôles, vivants, leurs leçons passionnantes. Les élèves viennent du monde entier, surtout de Suisse. Les classes ne dépassent pas vingt élèves. La majorité des étudiants ont entre 18 et 25 ans, mais il y a également quelques adultes. Pour la première fois, j'ai du plaisir à m'asseoir en classe pour « apprendre ».

Je me souviens que la première phrase que l'on nous a enseignée, ce premier jour, a été : « Have you got a lighter » ? Avez-vous un briquet ? Dès le break (la pause), la majorité des étudiants l'ont mis en pratique, particulièrement moi, qui fume à l'époque.

L'après-midi, je participe donc à mon premier cours de littérature. Je m'installe devant, au centre, au premier rang. Juste derrière moi, j'aperçois une jeune femme d'environ mon âge. Plus grande que moi, très mince avec de longues jambes et une peau très claire, elle a de grands yeux vert brun maquillés à la Néfertiti, avec un visage assez carré et beaucoup de charme. Ses cheveux mi-longs sont châtain clair, avec de chaque côté de sa belle chevelure, quelques fines mèches roses. Elle s'appelle Pascale et est habillée d'une manière originale, pantalon en cuir noir, de hauts talons aiguilles, des mitaines en dentelle et des bracelets à clous à chaque bras en cuir noir.

Nous nous sourions et commençons à nous parler. Suisse francophone de Genève, cela fait trois mois qu'elle est là et va encore rester trois de plus. Elle est tout mon opposé, tant au niveau physique qu'au niveau caractère, toujours très calme et posée. Pascale a vingt ans, comme moi, mais est déjà beaucoup plus mure. Artiste dans l'âme, elle crée ses propres vêtements et est passionnée de musique, elle adore l'Angleterre et à un style « punk chic ». La vie lui a déjà apporté son lot de souffrances, malgré son jeune âge.

En apprenant à la connaître je me rends compte à quel point la vie m'a épargnée. Je me sens comme une gamine parfois, à côté d'elle, vu notre différence de maturité et de vécu.

Elle vient de terminer ses études de secrétariat et est déjà dans le monde du travail. Elle sait que ce n'est pas à travers le secrétariat qu'elle va s'épanouir dans la vie active. Elle est en recherche d'autres possibilités pour le faire, les langues étant bien sûr un avantage en plus.

Je suis blonde, cheveux longs, légèrement ondulés. De corpulence légèrement ronde, peau sanguine, avec des yeux clairs plutôt bleus. Je ris facilement et adore faire rire. Mal dans ma peau et très timide, je compense en parlant fort. J'ai besoin que l'on me remarque pour me sentir rassurée. Assez nerveuse, j'attire et ne me sens bien qu'avec des personnes plus calmes et plus discrètes que moi !

Nous nous verrons ainsi régulièrement pendant ces trois mois et grand avantage, en plus de son anglais meilleur que le mien, elle connaît bien la ville et où sortir. Pascale m'amène donc dans les « clubs » (discothèques), pubs et casinos... Nous allons également plusieurs fois au cinéma.

Aller au cinéma en Grande-Bretagne, à l'époque, c'est toute une atmosphère. On a le droit d'apporter à boire et à manger, et un emplacement boisson est prévu à côté de chaque siège. On peut également fumer. Il y a dans la salle un côté fumeur et non-fumeur. Même si nous fumons toutes les deux, nous préférons nous installer du côté des non-fumeurs, mais l'odeur reste malgré tout très insupportable dans ce milieu clos.

Bournemouth est une ville côtière qui grouille d'étrangers. Pas seulement des étudiants mais également des jeunes qui travaillent un moment dans le milieu de la restauration. Une manière comme une autre de pratiquer son anglais, quand on n'a pas les moyens de payer les cours et de voyager en travaillant.

Je me lie d'amitié avec un jeune italien qui travaille comme serveur, dans un restaurant italien, bien sûr. Après son travail, je l'accompagne deux fois au Casino, où j'observe attentivement ce nouveau monde...

Très vite, c'est évident, je remarque que « le jeu » est comme une drogue. Ils sont tous là, hypnotisés, sûrs de leur chance qui ne va pas tarder à se manifester ! Ils se disent qu'à un moment ou un autre, la roulette va leur donner les numéros ou la couleur gagnante. Ce sera soit le poker et ses cartes qui leur apporteront la fortune, soit d'autres jeux. Bref, tout est fait pour vider le portefeuille des personnes présentes. Des stratégies de toutes sortes tournent dans leurs têtes.

Mon nouvel ami est l'un d'entre eux. Il m'explique toutes ses théories « gagnantes », et quelques secondes plus tard, il sort sa semaine de salaire qu'il vient de recevoir en espèce, comme cela se faisait alors, et la dépose sur la table de la roulette sur la couleur rouge. Quelques instants plus tard, après avoir entendu « rien ne va plus », version anglaise, dans un silence de mort, le verdict tombe..., la bille termine sa course sur la couleur noire ! Il commence alors à insister pour que je lui « prête » ce que j'ai comme argent sur moi, car c'est certain, il va « se refaire ». Je lui réponds non, mais il insiste tellement que j'ai pitié de lui et lui donne ce que j'ai sur moi, l'équivalent de 50 €, une somme qui représente mon argent pour la semaine !

Finalement, deux minutes plus tard, après avoir à nouveau tout misé sur la roulette et cette fois sur « impair », c'est « pair » qui sort ! À bout de nerf, il ne sait plus quoi faire, me dit qu'il me rendra les sous bientôt, devient agressif.
Je finis alors par partir et je rentre chez moi.

Quelques jours après, en allant me renseigner à son lieu de travail pour savoir où il se trouve, j'apprends qu'il a quitté le restaurant et la ville, et je n'ai donc jamais récupéré mon argent !

Les week-ends, plusieurs élèves et moi-même, partons découvrir la région et goûtons à cette liberté, avec l'insouciance de notre jeunesse, dans la joie de l'instant présent. Certains jeunes de notre groupe ont des voitures et nous partons en général avec deux d'entre elles et dormons dans les Bed & Breakfast du samedi au dimanche. J'aime nos escapades et nos rires, notre complicité. Nous visitons des villes universitaires comme Oxford et Cambridge, également des lieux historiques comme Bath (la ville natale de Shakespeare). Le Royaume-Uni regorge de beautés verdoyantes et de lieux paisibles. Ce que je préfère le plus ce sont les lieux naturels, comme sur la côte ou à l'intérieur du pays où nous faisons des balades magnifiques. Nous rentrons ensuite à Bournemouth, les dimanches en fin de journée, nos yeux rassasiés de beauté et de joie.

Un jour, Pascale me propose d'aller jusqu'à Portsmouth, en auto-stop, afin de voir les « Rolling Stones » qui passent en concert en extérieur. Le concert est prévu le dimanche après-midi suivant. Nous nous mettons donc en route, pouce levé, dès la fin de la journée du samedi après-midi. Il ne faudra que deux voitures pour nous faire arriver à bon port et sans encombre, heureusement car la nuit commence à tomber.

Parvenues devant le lieu du concert, nous constatons que certaines personnes se sont installées devant les grilles, avec un sac de couchage et parfois même une tente, afin de pouvoir dormir sur place et d'être aux premiers rangs le lendemain. Mais il pleut, beaucoup, et je me sens en empathie avec ces jeunes qui sont prêts à tout pour voir le concert, même à dormir sous la pluie !

Le concert est d'ailleurs « sold out » (complet). Nous n'avons pas de tickets, mais nous sommes tellement déterminées, que nous trouvons deux places au marché noir et de surcroît pas chères. En plus, malgré que les hôtels et Bed & Breakfast soient également complets, nous trouvons une petite chambre où dormir.

Le lendemain, après une longue attente pour rentrer dans le lieu du concert, nous arrivons à nous faufiler près de la scène. Nous sommes tellement heureuses d'être là, mais en ce qui me concerne, davantage pour avoir réussi notre périple que pour la musique des Rolling Stones, dont je me rends compte en définitive que je n'apprécie que deux ou trois morceaux, ceux qui sont les plus modérés. Pascale, elle, est aux anges. Il est vrai qu'elle est à l'initiatrice de ce périple et qu'elle adore ce groupe.

À l'époque, les réseaux sociaux n'existent pas. Nous nous lions facilement les uns avec les autres. Les contacts se font spontanément, on se parle très simplement. Les amitiés naissent de façon naturelle, bien plus qu'aujourd'hui chez les jeunes.

CHAPITRE 4

Un petit tour en Suisse

Le mois de juillet qui suit ces trois mois d'études de la langue de Shakespeare, en Grande-Bretagne, je pars voir mes « nouveaux amis suisses ». Pendant deux semaines, je vais d'un endroit à l'autre les visiter, en train, et parfois même en auto-stop. C'est un long périple, qui commence en soirée, de la Belgique en train jusqu'à la frontière Suisse, avec un changement à l'aube pour arriver jusqu'à Bâle. La nuit est très difficile car je subis les harcèlements d'un jeune homme qui essaye de faufiler ses mains dans la salopette que je porte.

Bref, je change de wagon mais ne ferme pas l'œil de la nuit, de peur que le malotru ne réapparaisse...

Je débute mon tour helvétique par la Suisse Allemande dans la région de Zurich et ses beaux lacs, dans une communauté de hippies suisses allemands où je passe une nuit. J'avais rencontré l'une de ses membres à notre école commune.

Elle vient me chercher à la gare, après ma nuit sans dormir. Je l'adore, car elle est « super cool », comme on disait dans ce temps-là.

Après avoir déposé mes affaires dans leur maison communautaire, elle m'amène aussitôt au lac. Il fait très chaud et toutes les filles de leur groupe se dénudent afin de faire du bateau gonflable, sauf moi qui est hyper prude. Quand le soir arrive, je m'évanouis pendant quelques minutes dans la salle de bains, par manque de sommeil…

Le matin suivant, je reprends le train, direction Genève, afin de me rendre chez Pascale, qui vit dans un appartement avec sa maman. Elle me fait découvrir sa ville et ses lieux de prédilections. J'ai aussi l'occasion de revoir, rapidement, l'amie avec laquelle j'ai partagé l'appartement à Bournemouth et qui vit également à Genève.

*Pascale et moi, Genève, juillet 1981,
habillées par les vêtements qu'elle a créés.*

Nous partons ensuite en auto-stop jusqu'au-dessus de Crans-Montana, dans la région du Valais, en montagne, dans la maison de ses grands-parents. C'est là, au premier matin, que je tombe « amoureuse » de la montagne en ouvrant les volets du chalet où ils vivent, et que je me retrouve la tête dans les nuages ! C'est miraculeux, fantastique. D'ailleurs, souvent, au fil des années, j'ai cette image qui me revient et l'amour de la montagne qui l'accompagne, et qui demeure inaltérable.

Née à Bruxelles, j'ai passé mon enfance et mon adolescence en ville. La plupart de mes vacances se déroulaient sur la côte belge. Je commence donc, depuis l'Angleterre, à découvrir et à apprécier de plus en plus la beauté de la nature…

Nous sortons cette nuit-là, en catimini, par la fenêtre du chalet de ses grands-parents, pour aller faire un tour en ville. Je visite aussi d'autres endroits de ce charmant petit pays avant de rentrer et d'accueillir à mon tour mon amie, Pascale.

Elle vient effectivement me retrouver au mois d'août en Belgique. C'est pour chacune de nous la découverte de notre pays réciproque et également la confirmation d'un début d'amitié qui est toujours d'actualité à ce jour.

En effet, depuis lors, nous avons le privilège de nous voir et revoir à toutes les périodes de notre vie, dans les différents lieux où nous avons successivement habité et parfois même en voyage. Nous avons partagé rires et peines, et nous nous sommes soutenues au long de toutes ces années. Nous avons vu nos enfants petits, puis grandir et devenir adultes. Nous avons rencontré dans le même temps nos amours et nos compagnons de vie.

Bref, nous avons partagé nos différences avec amour, respect et complicité. Tout cela avec une grande honnêteté l'une envers l'autre, qui fait qu'aujourd'hui encore, je regarde et chéris notre amitié avec une infinie tendresse.

L'amitié est une bénédiction, pour moi, dans la vie, et cette amitié-là est l'un des joyaux de mon existence. JE SOUHAITE à chacune et chacun d'avoir la chance de partager des amitiés de cette qualité.

Avec l'âge et le temps qui défilent, je réalise qu'il n'y a que l'amour qui satisfait pleinement et remplit de joie nos existences. Avoir comme but une réalisation de soi par une vie matérialiste ou par le fait de briller socialement, ne remplit pas l'âme d'une personne et reste éphémère.

Une véritable amitié, l'est. En tout cas je le vis comme tel.

CHAPITRE 5

Rencontre de deux femmes suivie de départs à destinations lointaines

En septembre, mes études de tourisme débutent dans une ville universitaire de Wallonie, région du Sud de la Belgique. Nous sommes une cinquantaine d'élèves, environ 80 % de belges et 20 % d'étrangers.

C'est là que je vais rencontrer deux femmes, étrangères toutes les deux. Elles vont me permettre de prendre mon envol définitif vers cette vie de voyages et partagerons avec moi, le temps d'un périple, une merveilleuse aventure commune.

Dès le premier jour, je papote avec une Mexicaine, Cécilia, qui est arrivée en Belgique il y a un an. Cécilia, ainsi que son jeune frère Jésus (que l'on surnomme Chucho), accompagnent leur parent, qui sont venus faire un « post-grade » à l'université pour deux ans.

Cécilia parle mal le français, « tout au présent », me dit-elle. Ce qui signifie qu'elle parle à l'indicatif présent car elle ne domine pas les autres temps de notre langue, et ne peut donc pas les employer. Elle vient de passer un an à étudier le français et l'italien, depuis son arrivée au plat pays, l'été passé.

Cécilia fait environ un 1m70, avec des cheveux longs brun foncé, légèrement ondulés, un visage assez rond, des traits qui sont un mélange d'origine hispanique et en même temps d'Indiens du Mexique (plutôt Aztèque). Elle a aussi de longues jambes fines et la taille un peu ronde. Depuis qu'elle est en Belgique, elle a pris beaucoup de poids suite à sa découverte du chocolat belge, et le plaisir qu'elle a de le manger !

Il se trouve que nous avons à faire un travail en commun sur la ville de Bruges. Dès lors, en y travaillant plusieurs jours ensemble et en nous rendant sur place, nous apprenons à nous connaître et à nous apprécier. Je lui promets, un peu avant la fin de l'année scolaire, que j'irai lui rendre visite au Mexique, l'année prochaine, quand elle sera de retour chez elle. Elle ne m'a bien sûr pas prise au sérieux...

Je fais aussi la connaissance de Fatima. Elle est d'origine marocaine, assez grande, un peu ronde, des cheveux courts, sa peau est légèrement sombre et son visage à des traits réguliers. Je l'évite car je la trouve assez agressive et ne lui adresse la parole aux cours, que quand c'est une nécessité.

Une fois de plus, c'est par un travail que nous devons faire à deux que je me retrouve en équipe avec elle, malgré moi. Et là, petit à petit, à force de se voir chez l'une ou chez l'autre, de partager un peu de nous-même, les masques tombent, les cœurs s'ouvrent. Et comme savent si bien le faire les femmes, les langues se délient.

Fatima est l'avant-dernière d'une famille de treize enfants. Elle vit en Belgique, depuis un an, chez l'une de ses sœurs.

Âgée de vingt-six ans, elle me raconte qu'elle a aimé un homme de sa région, du Sud du Maroc, mais la famille de son amoureux n'a pas voulu d'elle comme future épouse, suite à des racontars malveillants et faux. Malgré l'amour qui les liait ils ont dû se séparer. Comme le veut la tradition musulmane, elle se veut vierge jusqu'au mariage. Libre dans ses mouvements et de caractère indépendant, elle ne porte pas de voile (à l'époque c'était très rare en Belgique, de toute façon). Religieuse convaincue, elle s'est intéressée aux autres religions, a lu la Bible et le Coran. Elle pratique, selon ses horaires scolaires, la prière ainsi que le Ramadan. Je suis très touchée de la voir passer les longues journées d'été à étudier, à effectuer ses examens sans même boire un verre d'eau. Et les journées, cette année-là, sont longues et très chaudes pendant ce Ramadan qui débute en juin, à peu près en même temps que nos examens.

Je découvre sa culture à travers ce qu'elle me raconte, et le délicieux thé à la menthe fraîche qu'elle nous fait quand nous nous retrouvons chez elle, pour préparer notre projet commun.

À force de l'écouter, j'ai vraiment envie de découvrir son pays et ses différences. Fatima me propose donc de la rejoindre au mois de juillet, juste après la fin des examens, sur place, à Casablanca, chez sa sœur. Nous pourrons, me dit-elle, voyager ensemble dans tout le Maroc. Elle est enchantée par l'idée de ma visite, et de pouvoir ainsi me faire découvrir son pays, ses coutumes et sa famille. Enthousiasmée par le projet, je ne peux évidemment qu'accepter…

Après cette décision, je rentre comme d'habitude le week-end chez mes parents et leur parle de mon projet de vacances ! J'ai vingt-et-un ans à l'époque.

C'est dans la cuisine familiale que nous nous retrouvons à trois et que je lance mon « projet vacances ». Mon père l'accueille avec un non catégorique ! Quelque part je le comprends. Avant d'avoir des enfants, mes parents ont été ensemble au Maroc, aux alentours de 1953. Une personne avait voulu échanger ma mère, une blonde aux yeux verts ressemblant à Grace Kelly, contre trois chameaux !!!

Aujourd'hui, si mon père adore toujours nous raconter cette histoire, il est hors de question pour lui que sa fille parte toute seule au Maroc ! Mais ma maman, ma meilleure alliée familiale, qui sait que je n'en fais qu'à ma tête de toute façon, préfère être complice avec moi, que de ne pas savoir. Elle sait qu'après le Maroc j'ai comme projet de rejoindre des amis en Espagne, sur la côte, puis d'aller à l'île d'Ibiza chez d'autres amis. Nous décidons donc de dire à mon père que je vais simplement partir cet été, en Espagne.

Quant à moi, je n'ai jamais su vraiment s'il s'est douté que j'avais finalement fait ce périple en Afrique du Nord...

CHAPITRE 6

Maroc, autre monde, autre culture, autre continent

Je suis à présent à l'aéroport de Zaventem, prête à embarquer. Nous sommes début juillet, quelques jours après la fin des examens. Fatima est déjà rentrée au pays depuis hier. Son vol était complet, je n'ai donc pas pu voyager avec elle. Le mien est également complet, et pas seulement de voyageurs mais également de bagages. Les compartiments au-dessus de nos têtes explosent par leur contenu.

L'avion est essentiellement rempli par des émigrants marocains et leurs proches qui rentrent pour un mois voir la famille, les amis, ou pour passer du temps dans leur seconde résidence. Je suis pratiquement la seule tête blonde dans l'avion, en tout cas l'unique jeune fille à voyager seule.

Nous décollons bientôt pour Casablanca, via un stop-over à Tanger.

Une fois arrivée, après les formalités de douane, je traverse la foule de voyageurs agglutinés et je cherche une tête connue. J'aperçois de loin Fatima et son grand sourire, et nous nous précipitons dans les bras l'une de l'autre. Elle est enchantée de me revoir et est venue me chercher avec l'époux d'une de ses sœurs ainée, l'unique sœur qui vit à Casablanca.

Après une demi-heure de voiture dans des rues encombrées par le trafic et les piétons, nous arrivons dans leur charmant appartement, situé dans le centre-ville, dans un petit immeuble, un peu vieillot. Toute la famille me sourit et m'accueille avec ferveur, ainsi que les deux enfants de sa sœur.

Ils m'invitent à m'asseoir dans le salon traditionnel, de forme rectangulaire, fait de banquettes en bois et de gros coussins, avec au centre une petite table ronde. Ils y déposent des biscuits salés en les installant devant moi. Je me précipite dessus car j'ai très faim. Un ami de la famille est également présent. Tout le monde parle, se coupe et l'ambiance est joyeuse. Fatima n'est pas rentrée depuis deux ans et pour elle c'est une joie immense d'être ici, chez sa sœur, à partager du temps en famille, après une si longue absence. Ne connaissant rien des traditions marocaines culinaires, je pense que les biscuits sont le repas et je m'empiffre. Cependant, quand sa sœur commence à servir le véritable souper, un excellent tajine si je me souviens bien, je n'ai pratiquement plus faim. Je pose alors des questions et chacun rit gentiment de mon ignorance. Ils m'expliquent alors qu'ils sont souvent servis avant chaque repas quand ils reçoivent des invités. Puis ils m'apprennent à manger avec les doigts, sans les couverts.

À la fin du repas leur ami commence à roter et à péter. On m'explique que cela signifie, dans leurs traditions, que l'invité est satisfait du repas et lui rend honneur. J'essaye de faire de même et ils rient tous de plus belle !

Le soir, nous dormons dans la même chambre Fatima et moi, et papotons longuement, sur le mode de la confidence.

Le lendemain, grande excitation, sa sœur désire nous faire honneur en préparant un couscous.

Nous voici alors dans la rue, Fatima et moi, après le petit-déjeuner, en direction du centre-ville. Il fait une chaleur étouffante et la pollution n'arrange rien. Nous nous rendons en bus jusqu'au marché. À cette période, Casablanca, capitale économique du pays, comptait environ 8,7 millions d'habitants. C'était, et c'est toujours, la plus grande ville du Maroc et la plus dense au niveau population.

Mis à part Londres et Paris, je n'avais jamais été dans une ville aussi grande. Cela fourmille de monde partout. En plus des piétons, il y a des vendeurs ambulants en tout genre, des mendiants de toute génération, des voitures, taxis, bus… Et tout est bondé. On klaxonne, on crie, on gesticule…

Je me demande un peu où je suis et j'observe toute cette vie autour de moi, un peu sur la défensive, mais également fascinée. Je suis d'ailleurs Fatima pas à pas, en faisant bien attention de ne pas la perdre ! Je ne connais même pas l'adresse de sa sœur !

Nous arrivons à nous faufiler jusqu'au marché. Elle achète un par un les ingrédients consignés sur la liste préparée par sa sœur et nécessaires au futur repas. Elle négocie dans un mélange de français et d'arabe, ce qui est souvent le cas à Casablanca et dans d'autres grandes villes du pays, où les Français ont laissé leur empreinte historique. Elle gesticule beaucoup pour obtenir le meilleur prix, avant de passer à l'échoppe suivante.

Les achats enfin terminés, elle me propose, les mains chargées de nourriture, de prendre un taxi pour rentrer. Parvenues à leur emplacement, j'assiste à une scène que je n'ai jamais oubliée. La première de ma vie de ce genre ! Le taxi arrive et une vingtaine de personnes se poussent et se repoussent, afin de pouvoir être les premiers à rentrer dans le véhicule. La plupart d'entre elles ont comme nous des paquets dans les bras. Certains s'engueulent même, et c'est celui ou celle qui s'impose le plus qui obtient gain de cause. Dans cette exercice, Fatima est très douée, et par sa grande taille et son caractère bien trempé, elle s'impose vite et me tire à l'intérieur d'un taxi. En Belgique, nous y serions trois ou quatre passagers, mais ici, c'est le double !

Le taxi se met en route et avance à coups de klaxons, je dois plutôt dire qu'il se faufile entre tous les « véhicules », en particulier ceux à quatre pattes. Ensuite, petit à petit, chacun des passagers en descend, non sans avoir payé le prix de sa course, selon la distance parcourue. C'est à présent notre tour et nous terminons le trajet en marchant jusqu'au domicile de sa sœur, où je rêve d'une bonne douche bien méritée !

Plusieurs femmes sont présentes dans l'appartement et commencent à préparer le fameux couscous. Une chaleur étouffante règne dans la cuisine qui est envahie par des dizaines de mouches.

Après ma douche, j'essaye d'aider, mais on ne veut pas trop de moi, car je suis l'invité !

Ce soir-là, le couscous est un vrai régal partagé par toute une assemblée, les femmes d'un côté et les hommes de l'autre. Chaque groupe a sa table. J'apprécie cette ambiance de femmes « à part ». Entre un mélange d'arabe et de français, ponctué par quelques traductions de l'une ou l'autre, je me sens admise et je suis heureuse d'être là, dans cette ambiance vivante, joyeuse et moqueuse.

Notre voyage à l'intérieur du pays débute le lendemain vers le sud. Nous commençons par la ville de Rabat, capitale du pays, ses plages, sa kasbah et tout son patrimoine islamique. Nous passons du temps à la visiter. Nous nous promenons également du côté des plages où d'autres membres de la famille de Fatima sont présents. La chaleur est étouffante, partout...

Mais c'est quand nous allons voir sa plus jeune sœur à l'université que je suis le plus impressionnée. Les étudiants sont en période d'examens. Ils logent à quatre ou généralement à six par chambre. Celles-ci sont petites, faites avec des lits superposés, les jeunes garçons dans un bâtiment et les jeunes filles dans un autre. Afin de pouvoir étudier, la plupart déambulent dehors, leur syllabus à la main, et récitent leurs cours.

Nous rejoignons sa sœur, qui a bien sûr peu de temps à nous consacrer vu qu'elle termine ses examens. Et là, je découvre autour de moi des dizaines de jeunes qui marchent.

Ils ont en main leur syllabus, dont ils récitent à haute voix le contenu... Pour moi, c'est comme me retrouver dans un grand théâtre extérieur. Quand on assiste à ce genre de scènes, cela remet bien des choses en place, en nous rappelant tout simplement que le confort dans lequel nous étudions dans certains pays, n'est pas un acquis pour tous. Nous oublions, si souvent, que c'est un privilège d'être né et de vivre dans les pays d'Europe du Nord. En tout cas, cela l'était à l'époque...

Le lendemain, nous allons jusqu'à Fès, toujours par les transports publics, bondés en cette période estivale. Fès, ou derrière une porte, même d'apparence minable, vous pouvez parfois découvrir une maison, un palais. En général, les deux sont conçus de la même manière. Seule la taille et le luxe varient, selon le niveau social. De hauts murs (pour protéger de la chaleur), une cour intérieure en mosaïque avec au centre une belle fontaine et son jet d'eau en continu qui rafraîchit l'atmosphère, des arbres et plantes exotiques et la partie logement tout autour.

On est toujours reçu par la famille ou des amis de la famille. Que les gens soient pauvres ou riches, un thé à la menthe est préparé et servi en guise d'accueil. Les plus pauvres cassent le sucre devant vous, car il est moins cher acheté d'une seule pièce au marché. Si nous restons dormir, on est logé dans le salon ou dans une chambre, s'il y en a de disponible. Et surtout on est accueilli avec le cœur ouvert, qu'importe l'heure à laquelle nous arrivons et quelle famille nous reçoit.

Je me souviens d'un soir où nous avons débarqué après 22 h, chez des amis de la famille, sans prévenir. Fatima a frappé à la porte et malgré le fait que toute la famille soit déjà au lit, le père est descendu nous ouvrir, et avec son beau sourire, il nous a invitées jusqu'au salon. Il est revenu un peu plus tard avec des couvertures afin que nous puissions nous installer confortablement pour la nuit, après nous avoir demandé si nous avions soupé. C'est difficile d'imaginer ce genre de scènes en Belgique, même dans ma propre famille ! Mais apparemment, ce type d'accueil se perd de plus en plus au Maroc, car certaines personnes en ont trop profité, et c'est bien dommage.

Dès que nous sommes dans la rue, où que nous soyons Fatima et moi, une multitude de personnes m'approchent pour essayer de me vendre quelque chose. Et là, chaque fois, un membre masculin de la famille de Fatima s'interpose et explique gentiment que je suis « une invitée ». Ce statut spécial m'offre ainsi la tranquillité et le respect.

Nous sortons rarement dans les rues à deux. Comme c'est trop souvent le cas, en tant qu'étranger(ère), vous êtes pris d'assaut et harcelé dès que vous êtes dans la rue. Le tourisme, dans beaucoup de pays pauvres, est l'une des ressources principales de revenu. Je me souviens qu'en visitant les souks, un marchand nous a fait assoir, Fatima, son cousin et moi-même, autour d'un thé, dans sa boutique, en papotant, après nous avoir interpellé devant son étal. Une minute plus tard, deux couples d'étrangers sont entrés. Là, nous avons assisté à des ventes spectaculaires. Le marchand et son associé ont commencé à dérouler des tapis, étaler des objets artisanaux, accompagnés de négociations théâtrales. Mais ce qui m'a le plus séduite ce sont les petits clins d'œil complices qu'ils faisaient, en même temps, à notre petit groupe, discrètement.

Nous partons de Fès, mais cette fois en voiture, accompagnées d'un de ses cousins, qui est lui-même accompagné par un de ses amis. Ils sont nos chauffeurs et protecteurs durant cette longue journée, qui débute à l'aurore. Nous traversons le Haut-Atlas, magnifique chaîne montagneuse, le massif le plus élevé d'Afrique du Nord. D'environ 750 km de longueur, il délimite le Maroc saharien à celui des côtes atlantique et méditerranéenne.

Nous passons alors la journée sur cette étendue de haute montagne où les habitants vivent essentiellement d'agriculture ou d'élevage. Souvent ils parlent un dialecte et pas forcément l'arabe. Les villages que nous traversons sont très pauvres, mais c'est toujours par un sourire et de la curiosité que nous sommes accueillis, dès que nous nous arrêtons. L'eau est plus que rare, avec tous les problèmes que cela entraîne.

Nous arrivons le soir à notre destination finale, la ville d'Er Rachidia, qui est située à l'entrée du désert à 1009 m d'altitude. C'est l'été, il fait chaud et très humide. Cette petite ville, d'environ 80000 habitants en 1982, est le lieu de naissance de Fatima. C'est également là que se sont déroulées son enfance et son adolescence.

Toutes les maisons sont de couleur ocre, couleur sable du désert, avec un toit plat qui sert de terrasse, et cela donne un charme fou à la ville par cet urbanisme harmonieux. Le désert est là, magnifique, presque tout autour. Nous arrivons en fin de soirée, et même à cette heure-là, il fait encore dans les 40 degrés...

Pendant notre séjour, tous les soirs, nous soupons dans la maison d'enfance de Fatima, sur le toit et très tard, vers 22, 23 h. Ici, l'été, on vit principalement la nuit, car la journée la chaleur est plus qu'étouffante.

Une partie de sa famille est présente dans la maison familiale. Je suis touchée par ses parents discrets et si complices. Il se dégage beaucoup de sagesse de ce beau couple. Ils ont l'air toujours amoureux après environ 45 ans de vie commune. Issus d'un mariage arrangé, très courant dans leur génération, ils ont réussi à s'adapter l'un à l'autre et un respect commun et permanent se dégage aujourd'hui de leur couple.

Dès notre arrivée, Fatima me montre sa maison, en m'expliquant que notre vie les prochains jours sera adaptée au milieu ambiant. Ce qui veut dire que nous nous lèverons très tôt pour le petit-déjeuner, qu'ensuite nous traînerons dans la maison après éventuellement un tour dans sa ville, et que l'après-midi nous ferons la sieste jusqu'à une heure plus avancée.

Je découvre bientôt avec elle la salle de bains, qui est en fait une pièce au carré avec de jolies petites mosaïques partout et deux robinets (l'un pour l'eau chaude et l'autre pour l'eau froide) à vingt centimètres du sol. Pour se laver, il y a deux bassines en plastique que l'on remplit et que l'on reverse sur le corps à l'aide d'une écuelle en plastique. Dès ma première douche, je réalise qu'à peine lavée je transpire immédiatement, car la pièce n'a qu'une toute petite fenêtre et garde la chaleur extérieure et l'humidité.

Il est vrai qu'il fait constamment 40 degrés environ dehors.

Honnêtement, dès le début, je souffre et je m'ennuie très vite car je suis incapable de faire la sieste et les journées sont longues sous cette chaleur. Je tente parfois une balade dans les rues à proximité, où par mon physique, je dénote un peu !

Le coin n'est pas très touristique. Je remarque que les hommes et les femmes portent deux couches successives de vêtements amples. Celle à l'extérieur est en général noire (en tout cas plus foncée que celle d'en-dessous) qui est généralement blanche, ou définitivement plus claire. Toute la peau est recouverte afin de la protéger des UV. Entre les deux couches de vêtements se crée un mouvement d'air qui rafraîchit le corps. Les hommes portent le chèche (foulard tourné sur le crâne) et les femmes sont souvent voilées.

Heureusement, le deuxième jour, au lever du soleil, nous partons avec un autre de ses cousins et son associé, qui ont une agence de voyage spécialisée en « traversées » en tout genre dans le désert. Nous faisons ensemble, au lever du soleil, un tour d'environ 2 heures en jeep, dans les dunes. Nous rions beaucoup car ce n'est pas facile de les gravir et nous sommes bousculés dans tous les sens. Je ne sais vraiment pas comment ils font pour trouver leur chemin, car toutes les pistes me semblent pareilles ! Mais que de beauté. Je suis émerveillée par ce sable qui change de couleur si magiquement, aux premiers éclats du soleil. Et ce silence... Il y a aussi de la faune et de la flore présentes, quand on sait l'observer, malgré la rudesse du milieu ambiant.

Je suis entièrement séduite, jusqu'au moment où le soleil étant complètement levé, nous rentrons pour fuir la chaleur qui devient de plus en plus suffocante !

En plus de jouer les « touristes », nous sommes là également pour le futur mariage d'une de ses sœurs, et toute la famille est en ébullition pour la préparation de l'évènement qui va se dérouler dans la maison même, quelques jours plus tard.

Les fiançailles, nommées la « kethba », et qui constituent un préambule obligatoire avant le mariage ont déjà eu lieu. Durant cette période, la main de la future épouse a déjà été demandée par les parents du soupirant, aux parents de la jeune fille. Ce n'est qu'après un accord entre les deux familles que les futurs époux sont officiellement fiancés et que la phase préparatoire du mariage peut commencer. Les pourparlers portent sur le montant de la dot, la date et la liste de mariage, le lieu de réception, etc. Les fiançailles sont souvent longues, jusqu'à plusieurs mois. Compte tenu de toutes les démarches à effectuer, la préparation du mariage mobilise une partie de la famille. Une conseillère, appelée « negafa » est choisie avec attention. Elle a la responsabilité de sublimer la mariée pendant ses noces, en lui proposant les robes, bijoux, qu'elle va porter et s'occupe également de son maquillage et de sa coiffure. C'est pendant la phase de préparation du mariage que les époux signent leur contrat de mariage. Cette cérémonie, restreinte aux seuls proches parents, s'appelle « al kaghet ».

Quelques jours seulement avant le mariage, la mariée se prête à plusieurs cérémonies. Tout d'abord, le bain de lait pris au hammam en compagnie des femmes de sa famille. Cette séance au hammam est réputée purifier la jeune femme avant son mariage sur fond de youyous et chants, dans l'ambiance feutrée des bougies. Ensuite, ce sera la cérémonie du henné qui se déroule en musique, chants et danses. La mariée est vêtue de vert.

J'assiste donc à cette cérémonie et on propose de me tatouer les mains et les pieds, comme pour les autres convives, ce qui est courant, car le henné est associé à la prospérité et au bonheur.

Le soir arrive et une fête est organisée « la hdiyya », et c'est à ce moment-là que la mariée reçoit des cadeaux de la part de son mari et de sa belle-famille.

Le jour du mariage, la mariée maghrébine est préparée par sa « négafa » avant de rejoindre son promis. Pendant ce temps-là, les invités arrivent petit à petit dans la maison. Le lieu est bientôt complètement rempli. Un orchestre oriental joue les chansons de mariages et plusieurs collations sont proposées par des serveurs. Vers 23 h, la mariée, telle une reine, vêtue d'une robe blanche soyeuse et d'une large ceinture « Tachkita », fait son entrée, assise sur une chaise, très élégante, avec des porteurs « amaryia ». Elle est promenée pour être ainsi visible par tous les convives. Elle rejoint ensuite son époux, lui-même installé sur une amaryia vêtue d'un jabador blanc (costume brodé). Ils s'installent alors sur un trône, en haut d'une estrade, à la vue de tous, dans le confort de coussins moelleux et bien rembourrés. Ils sont ensuite portés une deuxième fois, elle revêtue d'une tenue traditionnelle et lui en djellaba aux fils brodés. Au cours de cette soirée, la mariée apparaît vêtue de sept robes et parures de bijoux différentes, dont l'une au moins est représentative de la région d'origine de ses parents.

Le dîner de mariage se déroule en trois services : une pastilla (sorte de tarte à pâte feuilletée traditionnelle), un copieux plat de viande et pour terminer un dessert (accompagné de l'incontournable corbeille de fruits). La fête se poursuit jusqu'à l'aube.

Je suis pour ma part touchée et émerveillée par la beauté de ce mariage si vivant, si coloré, si joyeux et par la musique enivrante.

Le lendemain, la famille est censée vérifier que le drap nuptial est bien taché de sang… Mais comme la sœur de Fatima vit déjà depuis quelques années avec son futur époux, cette partie du mariage n'a pas lieu.

Comme le veut la tradition, ils passent les jours suivants à rendre visite et à remercier les membres de la famille et amis qui étaient présents.

Nous sommes fin juillet. Il est temps pour moi de prendre la route dans le sens inverse et nous retournons, Fatima et moi, jusqu'à la grande ville de Casablanca. Là, sa famille et mon amie ne sont pas rassurées, moi non plus d'ailleurs, car je suis censée prendre le train toute seule jusqu'à Tanger et ensuite le bateau jusqu'à Malaga, en Espagne. Je n'ai pris qu'un aller simple en avion jusqu'à Casablanca, comme je comptais poursuivre mon été de vacances en Espagne.

Il faut savoir qu'en Belgique, durant cette période, les étudiants ont deux mois de vacances, juillet et août.

CHAPITRE 7

Retour en Europe et tribulations hispaniques !

Me voici dans le train de nuit. Fatima et son beau-frère m'ont accompagnée cette nuit-là jusqu'à la gare, et ils m'ont laissée sur le quai, après m'avoir fait de multiples recommandations concernant mon voyage de retour. Pour finir, je monte donc dans le wagon avec mon sac à dos, accompagnée d'un mal-être que je parviens difficilement à cacher. Comme d'habitude, c'est rempli de monde. Je me faufile tant bien que mal jusqu'à une place près de la fenêtre, que l'on me libère aimablement. En effet, plusieurs voyageurs se poussent pour m'offrir la place la plus confortable possible.

Je suis la seule européenne et pratiquement la seule femme. Nous sommes fin juillet et les hommes présents sont en majorité des travailleurs émigrés marocains qui retournent en Espagne ou en France, via Tanger, après leur mois de vacances au pays. Certains, comme moi, vont prendre ensuite le bateau afin de rejoindre les côtes espagnoles.

Je dois dire que je vis dans ce train un véritable miracle de solidarité humaine. Tous ces hommes, à la vie déracinée et dure, me mettent sous leur protection. Ils m'offrent à manger et à boire du thé ou de l'eau. Ils me font la conversation, car beaucoup parlent le français. Ils me posent des questions, s'inquiètent que je voyage seule et s'occupent de mon confort. Bref, je passe un très beau moment et je ris beaucoup de toute cette générosité. À travers elle, je peux même relâcher la tension qui me taraude depuis le départ et que je juge maintenant excessive.

Au matin, un de mes nouveaux « protecteurs » me guide de la gare jusqu'au bateau. Il n'est pas évident en effet de savoir d'où part le bon, celui qui va à Malaga. J'ai du mal à me repérer dans ce grand port bondé où presque tout est écrit uniquement en arabe. Heureusement que Fatima s'est occupée de mon billet avant le départ !

Installée bientôt dans le ferry, après une nuit sans dormir, je me sens plus légère et j'en profite pour faire la sieste au soleil, sur le pont...

En seulement quelques heures de traversée matinale, sur une mer calme et sous un beau soleil, je me retrouve finalement sur la côte d'en face. Dès que nous accostons, je descends, toute guillerette, en décidant de trouver une chambre pas chère dans un hôtel du vieux centre-ville de Malaga. La nouvelle aventurière que je suis se sent sûre d'elle, après ce long périple !

Sans perdre une minute, je m'y rends, et me voilà donc une nouvelle fois en train de déambuler avec mon sac à dos. Je bondis d'une pension à l'autre, sans négliger non plus les hôtels bon marché. Après 2 heures de recherches, je suis désespérée, tout est complet. Heureusement, il est souvent indiqué sur les portes « completo », et cela m'évite ainsi d'aller jusqu'à la réception qui est souvent au premier étage, et d'avoir à reposer la même question. En attendant, avec la chaleur qu'il fait et le poids de mon sac, je n'en peux plus. Je m'arrête donc pour acheter une bouteille d'eau dans un petit magasin et demande s'il n'y a pas une pension ou un hôtel où je pourrais dormir ? Et la réponse est encore non ! C'est vraiment décourageant...

Le soir commence à tomber et je rêve d'une chambre et d'une douche. Finalement, dans une rue étroite, j'aperçois un petit hôtel où je ne suis pas encore allée. À la réception, un monsieur me répond « completo ». Mais là j'insiste. Dans mon mauvais espagnol, je lui dis que cela fait des heures que je déambule, que tout est complet et que je commence à être découragée. Il me fait signe d'attendre, et je l'entends bientôt parler fort avec celle que je suppose être son épouse. Après cinq minutes, il me demande de le suivre et il me conduit dans la chambre d'un jeune garçon. En fait, je comprends qu'ils me laissent pour la nuit la chambre de leur fils. J'accepte, bien sûr, trop contente de cette solution certes originale, mais tellement bienvenue.

Je m'interroge quand même sur leur fiston, où va-t-il bien dormir cette nuit, le pauvre ?

Je m'installe alors et me retrouve entourée de petits soldats, de livres et d'avions miniatures. La dame m'apporte des serviettes propres et j'ai ma salle de douche perso. Je me couche peu après mais je dors peu. Entre la chaleur et le bruit, j'ai l'impression d'avoir dix voisins dans ma chambre, tellement l'acoustique est mauvaise. Mais qu'importe, je me sens heureuse d'avoir à ma disposition cette toute petite chambre, qui doit faire maximum huit mètres carrés, avec cette douche dont je vais bien profiter !

Le lendemain, je me lève tôt. De toute façon, avec le bruit des voisins, impossible de faire le grasse matinée. Je file grignoter un petit-déjeuner avant d'aller marcher jusqu'à la côte où je commence à faire de l'auto-stop. Mon plan est de longer la Costa del Sol, jusqu'à l'arrière-pays d'Almeria. Là, je compte passer deux ou trois jours chez des amis qui louent une villa à plusieurs.

Parmi eux, je ne connais qu'un couple. C'est leur adresse et leur numéro de téléphone que j'ai donnés à ma mère comme référence. Je lui ai dit que j'y serai pour le premier août et nous sommes déjà le deux. Depuis le début de mon périple à mon arrivée à Casablanca, je ne l'ai d'ailleurs eu en ligne qu'une seule fois.

Cette première partie de trajet terminée, je compte rejoindre la ville de Valence afin de prendre le bateau pour Ibiza, où l'un de mes meilleurs amis passe quatre semaines, en famille, dans la seconde résidence familiale de sa belle-sœur.

Ce matin-là donc, confiante, car je suis en Espagne, je lève mon pouce et très vite une voiture s'arrête. Un homme, dans la quarantaine, ouvre sa vitre et quand je lui indique que je vais à Almeria, il me dit de monter. Ravie de ce prompt succès, je dépose mon sac à l'arrière et je monte à côté de lui. Après quelques kilomètres de route, il m'explique qu'il doit s'arrêter bien avant Alméria, mais que je peux dormir dans sa villa, une villa qui n'est pas à lui, mais dont il a la clé ! Il me fait comprendre ouvertement aussi que ses intentions sont de caractère plus « intime ». Je m'énerve un peu et lui demande de s'arrêter. Surpris par ma réaction, il me laisse descendre sans trop insister, en asseyant quand même de me convaincre à nouveau. Je pars aussitôt en lui tournant le dos et il finit par s'en aller. Au final, j'ai avancé de 20 km, et j'en ai environ 180 à faire jusqu'à ma destination...

Me revoici le pouce levé, au bord de la route. Une nouvelle voiture s'arrête. Le chauffeur a lui aussi environ quarante ans. Je lui explique où je vais et il me propose, à son tour, de monter. Son débit de paroles est rapide, comme la plupart des espagnols, et je dois lui demander de répéter en prononçant plus lentement. Il me parle de sa famille, de son travail, puis il me raconte qu'il a une villa, une villa inoccupée dont il a la garde, et il me propose d'y séjourner avec lui. Je le remercie en lui disant que des amis m'attendent à Alméria et que je ne suis pas intéressée. Il pose alors brusquement sa main sur ma cuisse. Je la retire immédiatement dans un geste furieux et je lui somme d'arrêter la voiture. Ce qu'il fait, visiblement médusé. Il me laisse ensuite descendre sans broncher et redémarre immédiatement.

À nouveau sur le trottoir, je tremble et suis très mal à l'aise d'avoir deux fois vécue la même situation, avec des conducteurs différents qui ne comprennent pas que je fais de l'auto-stop pour avancer jusqu'à ma destination finale, et que je ne cherche pas un amant ! Il est vrai que je suis la seule femme, non accompagnée, à en faire aux alentours. Après mon périple Marocain, je me croyais rassurée d'être de retour sur le sol européen et c'est ici que les ennuis ont commencé ! Comme dit le proverbe « il ne faut pas avoir d'idées préconçues ».

Après ces deux incidents, j'ai quand même parcouru la moitié du trajet environ. Je m'octroie alors un moment pour retrouver mon calme et je me remets juste après, pour la troisième fois, le pouce en l'air. Un véhicule s'arrête et je monte, non sans une certaine appréhension. Un fois à l'intérieur, le chauffeur me parle à son tour d'une villa qui est à lui sans être à lui, et dans laquelle il veut m'inviter !!! Je lui fais part de mon exaspération et lui intime de s'arrêter, en montant encore le ton. Ce qu'il fait immédiatement, frappé par ma réaction inattendue...

Je sors alors de la voiture et reste là, sur le trottoir, sans bouger, mon sac à dos collé contre moi, comme un bouclier protecteur. Il repasse alors devant moi en me proposant « gentiment » de remonter dans sa voiture. Je lui tourne le dos, fais mine de ne pas l'entendre, et après trois autres passages il s'éloigne définitivement.

Moi qui pensais que tout allait être simple en Espagne, je suis furieuse !!! L'auto-stop n'est apparemment pas rentré dans les mœurs locales, surtout pour une femme seule !

Je change alors d'avis et décide de me renseigner pour pouvoir prendre le bus jusqu'à Alméria, et là, soulagement, j'apprends qu'il y en a toutes les heures sur la route principale où je me trouve en ce moment.

J'arrive donc dans la ville, par l'autobus, en fin de journée. L'employé de la station m'explique alors que la villa de mes amis est plus éloignée que ce que je croyais. J'ai encore environ 2 heures de trajet pour arriver sur leur lieu de vacances et il ajoute aussi que le prochain bus ne part que le lendemain matin, très tôt !!!

Me voilà encore coincée, pour la nuit, dans cette ville que je trouve sans attrait, en tout cas à proximité d'où je suis. Fort heureusement, elle est moins touristique que Malaga et je trouve facilement une petite chambre, à la décoration insipide. Je me sens le moral dans les talons ce soir-là, mais comme je suis épuisée, je dors d'une traite, l'hôtel étant en retrait et au calme.

Le lendemain matin, je monte dans le premier bus et arrive bientôt dans le village, sur la côte où mes amis se trouvent, et j'emprunte sans difficulté le chemin vers leur lieu de résidence et la villa qu'ils ont louée.

Quand j'y arrive, ils sont sur la terrasse en train de prendre le petit-déjeuner. La première chose que l'on m'apprend c'est que depuis trois jours ma mère appelle sans arrêt et qu'elle paraît très inquiète. On me conseille de lui donner des nouvelles. Il est vrai que j'ai trois jours de retard par rapport à la date que je lui avais annoncée ! Juste à cet instant, le téléphone sonne. Il s'agit de ma maman et quelqu'un me tend aussitôt l'appareil. C'est avec un immense soulagement qu'elle entend ma voix et me demande de lui raconter comment je vais. Je la rassure, et fait au plus vite, car les communications internationales coûtent horriblement chères.

Oui, c'est vrai, ce n'est pas toujours facile d'avoir une fille aventurière !

Les deux journées suivantes, je me laisse porter par le groupe de ces trois couples plus âgés, dans lequel je viens de me fondre. Ce sont pour moi de vraies vacances, entre plage, tours en bateau, farniente, rires, repas préparés ensemble, papotage, que du bonheur en vérité ! On écoute également avec intérêt mes aventures marocaines et espagnoles, et cela me fait du bien. Ils sont tous tellement attentionnés avec moi, je suis vraiment chouchoutée.

Quand nous sommes jeunes et que nous vivons des moments si intenses, si enrichissants, nous ne nous rendons pas toujours compte du caractère précieux qu'ils ont. Bien souvent, ce sont des années plus tard que nous réalisons que nous avons vécu des évènements formidables.

J'ai eu pour ma part la chance d'en vivre, beaucoup, tout au long de ma vie. Grâce à mon cheminement spirituel et les années d'expérience, j'ai appris et intégré, en conscience, « la magie de l'instant présent ». Combien de fois avons-nous la tête « ailleurs » et sommes en train de penser à des tâches futures où à des problèmes que nous ne pouvons pas résoudre, au moment même, et gâchons ce « précieux moment présent ». Se connecter à son âme et à sa véritable mission de vie, par la méditation, permet d'y parvenir. Ainsi, nous pouvons vivre une vie de plus en plus épanouissante. Le bonheur est si simple, il suffit de savoir apprécier, tout simplement, ce qui est. C'est un état « d'être » avant tout.

Quand vous comprenez que chaque instant de bonheur à son contraire et n'existe justement que parce qu'il l'a, vous pouvez vivre ces moments en joie, car ils viennent en opposition à d'autres épisodes vécus auparavant, malheureux, tristes ou difficiles.

Il ne faut pas non plus se perdre dans des considérations émotionnelles fortes, qu'elles soient négatives ou positives, mais faire en sorte de garder son état émotionnel équilibré et son « état d'être » stable. Soyez et restez vous-même, qu'importe la situation.

Ainsi, quoiqu'il arrive à l'extérieur, vous serez moins affecté à l'intérieur.

En parallèle, vous devez développer de manière satisfaisante ce que vous désirez dans votre vie, que ce soit au niveau mental, physique, financier ou sentimental.

Il faut accepter également l'impermanence. Personne ne peut rester durant toute sa vie le meilleur athlète, le meilleur dans les affaires, etc. Nous vieillissons tous et changeons en permanence. L'accomplissement de soi, c'est de développer une meilleure version de nous-même, dans un état émotionnel intérieur plus stable.

Quand vous arrivez à vivre cet état d'être stable, les personnes ressentent votre bonheur et votre confiance dans la vie et vous inspirez la leur. Vous pouvez vous installer, ainsi, dans un état de joie, pratiquement constant, car vous riez de vous-même et de tout ce qui se déroule autour de vous.

Nous sommes des êtres spirituels qui vivons une expérience terrestre, ne l'oublions pas. Notre conscience est éternelle et continuera son voyage dans l'éternité quand notre enveloppe physique ne sera plus.

Soyons et restons souverain de notre vie. Vivons ces précieux moments, pleinement, car l'incarnation peut et devrait être uniquement dans la JOIE.

CHAPITRE 8

Ibiza, un rêve devenu réalité !

À cette époque, Ibiza, Eivissa en Catalan, est l'île la plus visitée de l'archipel des Baléares. Elle est très à la mode comme destination de vacances, toutes générations et milieux sociaux confondus. Que ce soit pour les jeunes « branchés », qui rêvent de se faire « voir » à la fameuse discothèque « PACHA », ou aux plages et bars qui ont la « cote ». C'est également un paradis pour ceux qui font de la planche à voile et un endroit de prédilection pour les hippies qui ont installé depuis les années 60, plusieurs communautés. Pour terminer, il y a ceux qui tombent tout simplement sous le charme de cette belle île.

Après ce break dans cette jolie villa et en si chaleureuse compagnie, me voici à nouveau prête pour le départ, cette fois en transport en commun, quelque peu dégoutée de l'auto-stop en Espagne !

Parvenue à Valence, je prends un bateau, énorme, car il transporte voitures et passagers jusqu'à l'île. Il est bondé. Beaucoup de jeunes sont dehors sur le pont et comme de coutume à l'époque, tout le monde se parle. Il y a beaucoup de jeunes italiens, français et bien sûr espagnols. En bavardant avec les uns et les autres, j'ai la chance de rencontrer un autochtone qui rentre chez lui, après son année d'étude en péninsule. Je lui demande où se trouve le village où je vais et il m'indique sur une carte que c'est de l'autre côté de l'île. En effet, mon bateau doit accoster à Ibiza, la ville, capitale de l'île qui porte le même nom qu'elle. Ma destination est complètement à l'opposé, dans la maison de famille de la petite amie du frère d'un de mes meilleurs amis de l'époque, Adel. Je lui avais indiqué, avant de partir de Belgique fin juin, que je passerai lui faire un petit coucou pendant l'été. Cette maison est située en dehors du village, près d'une communauté hippie et dans un coin paisible de l'île.

La chance me sourit encore car ce jeune étudiant me propose aussi de me conduire à destination, car il vit dans un village voisin et le mien est sur son trajet. Quelle aubaine ! J'accepte sans réserve.

De la mer, tandis que le bateau s'approche de la côte, je suis déjà séduite par le port et ses jolies maisons colorées ou blanches. Cette capitale ressemble d'ailleurs à un gros village. À l'époque, Ibiza ville et l'île toute entière, ne sont pas encore trop urbanisées.

Nous accostons enfin. Il me conduit aussitôt jusqu'à sa voiture et nous démarrons. Pendant le trajet, il me parle gentiment de son île, en me montrant ce que je devrais visiter sur la carte où en m'indiquant les lieux que nous traversons, qui selon lui mérite un détour plus approfondi. Comme d'habitude, je ne comprends pas grand-chose à ce que mon conducteur me dit. En revanche, son doigt sur la carte qui me signale les endroits à visiter et les lieux touristiques, me parlent plus que les mots qui sortent de sa bouche !

Ce qui est sûr, c'est que je réalise un de mes rêves les plus vigoureux, découvrir Ibiza, et ce guide autochtone de fortune est une bénédiction sur ma route.

Dès mon arrivée, je suis complètement sous l'emprise de cette terre couleur ocre rouge. Tandis que nous traversons l'île en longueur et que la nuit tombe, le soleil couchant rajoute, par ses jeux de lumières, encore plus de beauté et de sérénité à cet endroit. Mon ravissement débridé fait également bien sourire mon chauffeur !

Il fait nuit noire quand il me débarque chez mes amis, vers 20 heures. Ils ne s'attendaient pas d'ailleurs à ce débarquement impromptu ! Après l'avoir remercié chaleureusement, je le regarde s'éloigner dans sa voiture, en lui faisant des signes...

Mes amis sont prêts à dîner et m'accueillent gentiment, après la surprise de mon arrivée. On rajoute un couvert et on m'annonce que toutes les chambres sont occupées, mais que je peux dormir dans le canapé du salon. Après un mois passé au Maroc, je ne suis plus à un canapé près !

Le lendemain matin, nous filons à la plage. En fin de matinée, je vais louer une mobylette afin de faire le tour de l'île, dans les prochains jours. Adel et son frère, passionnés de planches à voile, profitent de leurs dernières journées de vacances pour en faire un maximum. De mon côté, je papote beaucoup avec Béatrice, la compagne de son frère que j'adore. Leurs deux mamans sont également présentes. Voilà vraiment de belles vacances, dans une ambiance familiale.

Ce soir-là, nous allons dans la fameuse discothèque le « Pacha ». Ce monde de nuit et de bruits n'est vraiment pas celui où je m'épanouis le plus. Par chance, nous repartons assez tôt, et c'est donc avec soulagement que je retrouve leur maison et son calme au fin fond de l'île.

Le jour de leur départ ma mobylette cale, et les deux frères doivent courir pour la ramener en voiture au local où je l'ai louée, avant de prendre le bateau qui les ramènent sur le continent. Décidément, mon séjour n'a pas été de tout repos pour Adel et sa famille !

Je décide finalement de rester un peu plus à Ibiza. Via leur relation personnelle, je suis logée pour quelques jours, et je continue ainsi, avec une autre mobylette, à parcourir de fond en comble cette belle île. Je suis toujours sous le charme des petits villages, des jolies plages ainsi que des criques, sauvages ou bondées.

Puis vient mon tour de reprendre le bateau, cette fois-ci via Barcelone, car il est temps pour moi de rentrer en Belgique.

J'embarque tôt le matin, car la traversée avec le ferry dure environ 10 heures. Comme j'ai trop dépensé, mon budget vacances a laissé ma bourse vide. Je décide alors de faire la route jusqu'à Bruxelles en auto-stop, donc plus tôt je débarque, mieux ça vaut !

CHAPITRE 9

Un retour folklorique…

Sur le bateau, les jeunes parlent entre eux, comme d'habitude. Je rencontre notamment trois jeunes italiens très sympathiques, qui rentrent au pays après leurs vacances à Ibiza. Ils sont en voiture et me proposent de partager une partie du trajet, puis de me laisser en France à l'endroit où les autoroutes se séparent, entre les deux pays. Je pourrais ainsi faire de l'auto-stop vers Lyon, puis vers la Belgique.

Je suis soulagée, car cela me permet de faire un tiers du trajet en charmante compagnie, et d'être tout de suite sur l'autoroute principale qui conduit vers le Nord.

Que de rires partagés ensuite dans cette voiture avec ces jeunes Italiens sympas, venus avant tout faire la fête à Ibiza. Avec eux je parlote en italien, l'ayant étudié deux ans au lycée. Ils me traitent comme une reine, sont aux petits soins avec moi, la petite blonde un peu boulotte que je suis à l'époque. Ils me font de multiples recommandations pour mon retour en auto-stop, et finissent par m'offrir une bombe lacrymogène qu'ils ont avec eux. Ils m'expliquent également comment l'utiliser au cas où cela deviendrait nécessaire !

Le soir, nous dînons ensemble, des pâtes bien sûr, dans l'un des self-services situé sur l'autoroute.

Environ 6 heures plus tard, après avoir quitté le port de Barcelone, ils me déposent devant une station d'essence, me disent au revoir, et reprennent leur route vers l'Italie. Mon cœur se serre un peu de quitter mes nouveaux amis, qui m'ont rendu un si fier service. Par contre, il est déjà environ 23 heures et je ne suis pas très chaude pour faire de l'auto-stop aussi tard. Je suis en plus vêtue d'une jupe courte rose ce qui n'est pas du tout une tenue de circonstance ! Mais où avais-je la tête ce matin ? Je n'ai pensé qu'à la chaleur du moment et j'ai complètement oublié mon désir de rentrer le pouce levé. Qu'importe maintenant, il faut que j'avance !

Mon sac à dos serré bien contre moi, afin de cacher ma jupe trop courte, je m'installe alors à la sortie de la station-service, juste avant la montée des voitures et des camions vers l'autoroute. Je sors mon carton où est indiqué, en gros, au feutre noir, LYON. J'en ai fait deux, l'autre indique BRUXELLES.
Le premier véhicule qui s'approche de moi est un camion semi-remorque. Je lève mon carton et miracle, le chauffeur s'arrête à ma hauteur. Il m'explique qu'il va quitter l'autoroute juste avant Lyon mais qu'il peut me laisser à la station-service avant la ville. C'est toujours 50 km environ de gagné, mais surtout je vais pouvoir éliminer beaucoup de bifurcations d'autoroutes qui vont vers la Suisse, l'Italie ou ailleurs en France.

Un retour folklorique...

Je monte, mais garde mon sac à dos bien contre moi, la main posée sur la pochette du haut, à l'endroit où se trouve la précieuse bombe lacrymogène. Pour me rassurer davantage, j'ouvre la pochette, discrètement, de manière régulière, et glisse ma main jusqu'à sentir l'objet protecteur.

Durant tout le trajet, mon nouveau chauffeur me regarde, un peu inquiet de voir « ma main dans le sac » et pas seulement qu'au sens figuré ! Cependant, nous discutons poliment de banalités, mais avec une certaine tension quand même. Lui semble indisposé et se demande ce que je trafique, et moi je me sens pas tout à fait en sécurité seule avec un homme à cette heure tardive, dans son camion. Après ce changement brusque d'atmosphère, la compagnie si joyeuse de mes anciens compagnons de route, les italiens, me manque.

Une heure plus tard environ, je débarque et me retrouve à nouveau devant une station d'essence, la dernière avant la traversée de la ville de Lyon. À l'époque, il n'y a pas encore la bretelle d'autoroute qui fait aujourd'hui le tour de la ville. Je ne sais pas qui est le plus heureux que je quitte le véhicule, car le malaise entre nous est resté présent tout le trajet, bien qu'il ne se soit rien passé d'anormal.

Comme il fait nuit noire, je m'installe à nouveau juste à la sortie des pompes à essence et je sors mon deuxième carton, où il est indiqué ma destination finale, BRUXELLES.

Je replace mon sac à dos devant moi afin de cacher ma jupe, décidément trop courte pour ma nuit de voyage...

Très vite un autre camion s'arrête. Le chauffeur me dit qu'il va jusqu'à Nancy, ce qui me permet de faire la moitié de mon trajet de retour restant. Je monte, enthousiaste, en me « protégeant » toujours de mon sac, qui est placé devant moi. Le camionneur me propose de le déposer sur sa couchette, ce que je refuse fermement, prétextant que j'ai besoin de prendre différentes affaires durant le trajet, ce que je lui confirme d'ailleurs en sortant un pull de mon sac. Ma main reste toujours en position sur la pochette du haut, près de ma bombe protectrice, mais cette fois, elle ne fouille pas à l'intérieur !

Mon chauffeur me pose des questions de plus en plus indiscrètes, et ne comprend pas que je voyage seule en pleine nuit, en stop ! Je réponds tant bien que mal, évasivement. Il me propose alors d'aller me reposer sur son lit à l'arrière, ce que je refuse fermement, très gênée. Sans plus insister, il met finalement la radio et nous faisons une grosse partie du trajet sans plus nous parler, moi à moitié endormie sur mon sac.

Heureusement, nous sommes en été et le jour va se lever très vite...

Quelques heures plus tard, comme je me suis un peu assoupie, mon chauffeur doit me réveiller. Il me fait signe alors de descendre. Nous sommes à la hauteur de Nancy.

Après l'avoir remercié, je passe aux toilettes de la station-service, enfile un pantalon et me débarbouille un peu. Je prends ensuite un petit-déjeuner et je marche jusqu'à la sortie de la station. Il est environ 6 heures du matin. Je suis maintenant plus à l'aise dans ma nouvelle tenue, avec en plus la lumière du jour qui pointe son nez.

Mon carton à la main, j'attends à nouveau le prochain véhicule qui va m'embarquer. Dans la minute qui suit, un camion s'arrête. Le chauffeur m'indique qu'il va à Bruxelles. Soulagée et satisfaite, je monte. Je suis très vite détendue par la présence de ce monsieur, qui m'apparaît en premier lieu sympathique et jovial. Nous commençons à parler joyeusement, d'une manière très détendue pour deux personnes qui ne se sont jamais rencontrées.

Une heure plus tard, à ma grande surprise, il s'arrête cinq minutes à une pompe à essence, et à son retour, en remontant dans le camion, il me propose de m'allonger sur sa couchette. Je m'énerve et lui répond que je ne suis du tout ce genre de fille. Il sourit alors tout en me disant simplement « pas de problèmes ». Il redémarre dans le camion. J'hésite à faire de même, mais il me jure que de pas m'en faire « qu'il a compris ».

Je décide de lui faire confiance et je remonte à ses côtés.

Durant le reste du parcours, il change complètement d'attitude. Il en vient même à me raconter sa vie, sans plus me faire aucune allusion. C'est une vie rude que celle de camionneur et je ressens bien son besoin de se confier à quelqu'un. J'écoute donc avec attention toutes ses histoires, surtout qu'il a vraiment de l'humour et que le temps, ainsi, passe plus vite et de manière détendue…

Nous parvenons bientôt à destination. Il me dépose alors dans Bruxelles, à 20 minutes à pied de chez moi.

Je me mets aussitôt en marche jusqu'à la maison de mes parents, ravie de me dégourdir les jambes, mais avant tout d'être arrivée sans encombre après cette périlleuse nuit d'auto-stop.

Ah, combien la vie peut être merveilleuse et imprévisible !

CHAPITRE 10

Viva Mexico ! Nouveau départ

Après mes stages de fin d'études en agence de voyage en Belgique, ainsi qu'un mois passé à Londres dans un hôtel quatre étoiles et mon mémoire en plus, je termine enfin mes études.

J'ai le plaisir de partager à nouveau de merveilleux moments avec Pascale, qui s'est installée dans la capitale de la Grande-Bretagne depuis quelques mois. Très vite, je réalise que je n'ai aucune envie de travailler dans ce métier et que mon seul but, en fait, n'est pas de faire voyager les autres mais de voyager moi-même !

Les conditions de mon stage en Belgique sont pourtant idéales. Mes collègues Annie et Christiane sont super efficaces, de compagnie très charmante et toutes les deux de tempérament calme. De surcroît, l'agence travaille avant tout avec une clientèle jeune et sympathique. Néanmoins, je ressens de l'ennui au quotidien et qui plus est mon salaire est très bas. Je ne m'épanouis pas dans ce monde administratif et pour être totalement honnête, je n'y suis pas très efficace non plus !

À la fin des formations, je décide donc de rejoindre au Mexique mon amie Cécilia, avec qui j'ai fait mes études. Après l'avoir eu en ligne, tout se confirme rapidement et j'achète mon billet d'avion à bon prix, dans l'agence même où je travaille.

Le Mexique étant un pays immense, je prévois d'y voyager environ trois mois, et je choisis donc un billet ouvert pour trois mois. Avec beaucoup d'engouement, je parcours aussitôt le guide de voyage que j'ai en ma possession, imaginant déjà ce pays haut en couleurs et tellement varié sur le plan des paysages, du climat, des ethnies, de son histoire et de ses cultures...

Début avril marque la date de mon départ pour l'une des plus grandes villes au monde, Mexico, vers laquelle j'ai réservé un vol direct. À l'époque, Mexico city compte environ 13 millions d'habitants et c'est l'une des villes les plus peuplées au monde. Aujourd'hui, en 2022, elle a dépassé les 22 millions, presque le double de la population de la Belgique !

Cécilia est née et a vécu les dix-huit premières années de sa vie dans cette mégapole, avant de venir s'installer deux ans en Belgique. Depuis son départ du plat pays, 8 mois plus tôt, sa vie a changé. Comme moi, elle a terminé son mémoire et ses stages de fin d'études, à Mexico, un peu avant mon arrivée. Après avoir envoyé son mémoire en Belgique, ainsi que la preuve de ses pratiques, elle remplit maintenant des papiers pour que son diplôme soit reconnu dans son pays. Entre-temps, elle est tombée très amoureuse d'un homme plus âgé, Rupuerto. Il est dentiste. Comme il n'aime pas son prénom, on le surnomme Roberto ou « el Doc » ou encore French. C'est un homme grand, mince, plein de distinction, aux grands yeux bleus magnifiques, sa famille est d'origine européenne. Il va finir par devenir son époux, deux ans plus tard.

Au Mexique, il est courant d'avoir des surnoms ou des abréviations de son prénom. Ce qui est typique également, c'est que l'on vous donne un sobriquet suivant votre physique, par exemple si vous êtes blond on vous surnomme (rubio/a), ou brun (moreno/a), si vous êtes mince (flaco ou flaca au féminin).

Je jour J, j'embarque donc dans l'avion pour Mexico city, avec une certaine excitation. C'est un vol d'environ 16 heures et le premier d'une telle longueur pour moi. Une fois à destination, je suis totalement épuisée et je ne rêve que d'une douche et de changer de vêtements, après toutes ces heures enfermée à bord, dans ce tout petit espace. De nouveau, comme à mon arrivée au Maroc, je bascule entre l'exaltation de découvrir un nouveau pays et la peur de l'inconnu.

Cécilia vient me chercher à l'aéroport en voiture. Je suis si joyeuse de la retrouver. Elle est métamorphosée depuis la dernière fois que je l'ai vue dans mon pays d'origine. Ses kilos extra ont fondu et je retrouve une version d'elle toute mince et bien plus belle, plus épanouie également par l'amour passionnel qu'elle ressent pour son aimé. Cette version mince d'elle-même, elle l'a toujours aujourd'hui, alors même que depuis elle est tombé enceinte et se retrouve maman de trois enfants.

Une fois la douane franchie, nous nous précipitons dans les bras l'une de l'autre. Elle m'entraîne ensuite vers l'immense parking où sa voiture est garée et nous démarrons sans plus tarder. Tout en conduisant elle me raconte, très enthousiaste, sa nouvelle vie depuis son retour.

Mon premier contact avec cette immense capitale se fait donc de nuit. L'atmosphère est un peu chaude et humide. C'est surtout la lourdeur de la pollution ambiante qui provoque cette chaleur, due essentiellement aux pots d'échappement en tout genre des bus, voitures, camions, taxis... (Qui ne seraient certainement pas reconnus comme conformes dans mon petit pays !) Nous arrivons une demi-heure plus tard environ dans son quartier, sa maison, où je retrouve avec joie ses parents et son frère. Sa sœur ainée, Maria Alicia, de Los Angeles, surnommée Maligé, qui est restée au Mexique pour ses études, pendant que le reste de la famille était en Belgique, est également présente. Nous faisons donc connaissance poliment, dans un espagnol toujours assez basique pour ma part, ce qui limite la communication.

Leur maison est située dans un quartier bien coté de la ville appelé Colonia « Las Aguillas (les aigles) ». À l'époque, il est encore situé un peu à l'écart du centre-ville, mais aujourd'hui, Mexico city s'est tellement étalée, que cette partie est complètement intégrée dans la ville.

La famille de Cécilia est de la « haute classe moyenne ». Ils font partie des 5 % d'habitants privilégiés de cette ville, comparés aux pauvres, très pauvres et misérables, ceux qui vivent et dorment dans la rue. Ses parents ont tous les deux étudié la chimie à l'université. Ils ont fait le choix de vivre plus modestement afin de pouvoir aider un maximum de personnes, via leurs vies professionnelles et privées, et je les admire beaucoup pour cette raison. Ayant un lien très fort avec l'enseignement de la Bible et le lien christique, ils ont choisi de travailler, en conscience, afin d'aider les pauvres d'un quartier proche de leur maison. Ils ont créé une association basée sur la jeunesse, la famille et l'éducation des moins favorisés afin de les éduquer et de les rendre autonome. Leur projet est financé par des allemands. Tout est réalisé dans la générosité et l'humilité autour de ce couple qui est pour moi un exemple d'amour tourné vers les autres. Ils préfèrent ainsi vivre en gagnant moins et en mettant leurs carrières de côté.

Du reste, ils se sont rendus en Belgique afin de passer ensemble une maîtrise en sociologie, ce qui leur permet d'être encore plus performants dans leur vie de cœur, aujourd'hui. Il incitent aussi leurs enfants à être généreux et à partager de la nourriture avec leurs voisins plus défavorisés.

J'adore la maman de Cécilia, elle incarne parfaitement l'empathie et l'amour. D'ailleurs, durant mon séjour, elle fait tout ce qui est en son pouvoir pour me « protéger ».

Au cours de notre longue amitié, Cécilia et moi nous avons toujours parlé d'elle avec une immense tendresse, et Cécilia répète inlassablement et avec une évidente raison : « Maman est une sainte ! »

Les choses ayant été organisées avant mon arrivée, je partage donc la chambre avec Cécilia. Nous sortons beaucoup et je découvre mes premiers mets mexicains et les différents *chiles* (piments) qui les accompagnent, et j'adore !!! La gastronomie mexicaine est très riche et variée. Il y a déjà une multitude de fruits exotiques avec lesquels ont fait des jus, des smoothies ou des plats. Ensuite, l'équivalent du pain, les *tortillas* (sorte de crêpes ou galettes de maïs), et une variété de plats qui diffèrent selon les régions, tous plus savoureux les uns que les autres. Chacun de nous connaît bien quelques classiques, comme les haricots rouges ou noirs (frijoles), le très fameux guacamole, les *tacos, quésadillas, mole* (mélange de sucré-salé préparé avec de la viande et jusqu'à cent différents ingrédients dont le chocolat), *ceviche* (à base de poisson cru mariné au citron vert, huile), et tellement d'autres...

La cuisine mexicaine, la vraie, pas celle que l'on trouve dans les restaurants tex-mex, est en ce qui me concerne une des meilleures et des plus riches en saveurs, au monde !

Nous restons environ une semaine dans cette capitale tentaculaire. Située à 2240 mètres d'altitude, la ville de Mexico, plus communément appelée DF (district Fédéral), est pleine de charme, parfois d'élégance et de contrastes. Je découvre son côté touristique en visitant ses quartiers anciens. Beaucoup de bâtiments sont penchés suite aux tremblements de terre. Je traverse aussi des quartiers moins sympas, car j'accompagne Cécilia partout, notamment dans ses démarches administratives. Tout prend un temps incroyable à cause des distances gigantesques, mais également des nombreux embouteillages rencontrés, malgré les autoroutes qui ont parfois jusqu'à trois voies, dans chaque direction.

Suivant les endroits que nous traversons, nous allons rendre visite à ses amis, et nous sommes toujours reçues avec bienveillance et éducation. Je découvre ainsi, avec plaisir, une ambiance familiale latine joyeuse, attentionnée et taquine, bien plus humaine et chaleureuse que celle de l'Europe du Nord d'où je suis originaire. Même la langue a évolué et s'est adaptée au peuple autochtone. Elle n'a plus rien à voir avec la langue espagnole d'origine européenne, bien plus sérieuse. Ici on parle avec le cœur, et les tournures de phrases et le vocabulaire en sont le reflet.

À l'occasion de nos différentes visites, je remarque pour la première fois des maisons cachées, protégées derrière des murs immenses, souvent prolongés de morceaux de verres ou de pics en métal. Il est pratiquement impossible de voir derrière ces protections qui garantissent une certaine sécurité.

En effet, dans ces quartiers plus aisés, les vols sont quotidiens et les habitants s'en préservent tant bien que mal, en employant aussi de nombreux gardiens.

CHAPITRE 11

Mésaventures locales

Dès mon premier soir, nous discutons de ce que je dois visiter. La ville est tellement grande et les alentours ont également tant de merveilles à offrir à la touriste que je suis ! Finalement, comme Cécilia a aussi des déplacements à faire dans les prochains jours et que nous pensons ensuite partir ensemble quelques semaines, dans le centre du Mexique, nous tombons d'accord pour visiter l'essentiel de Mexico, dans le délai d'une semaine.

Le lendemain, comme Cécilia a du temps libre, sa maman nous propose d'aller jusqu'aux ruines de Teotihuacan. Ce site archéologique, le plus connu et le plus visité du pays, est situé à environ 2 heures de bus local du lieu où nous sommes. En 1987, ce site sera d'ailleurs inscrit au patrimoine mondial de l'UNESCO. L'histoire et les cultures m'intéressent, et c'est donc principalement sur un plan touristique que je vais en faire la visite.

Dans ces années-là, je n'avais pas encore l'ouverture spirituelle qui me conduira bien des années plus tard, en février 2019, à y retourner. En effet, au cours de ce mois, pendant une dizaine de jours, je suis venue ressentir les énergies présentes sur ce site et ses alentours (car la ville d'origine était bien plus grande que ce qui a été déblayé). J'y ai rencontré des gens fantastiques et tout a été fluide, comme c'est toujours le cas quand les choses sont justes pour soi. À terme, mon objectif était de pouvoir organiser dans ce pays qui est celui de mon cœur, des voyages spirituels et d'ouverture de conscience. Cécilia me rejoindra d'ailleurs, pour quatre jours, et nous passerons ensemble un séjour magique.

Mais revenons au moment présent...
Nous voici donc dans le bus. Maintenant que nous nous éloignons du centre-ville, celui-ci se vide lentement. Après quelques minutes, nous avons enfin l'occasion de nous assoir l'une à côté de l'autre. Je suis placée du côté de la fenêtre et je rêvasse en regardant le paysage. Cela fait environ 12 heures que je viens d'atterrir et je ressens encore les effets du décalage horaire.

Un arrêt avant le terminus, qui est le nôtre comme me l'a précisé plus tôt Cécilia, le bus s'arrête et ouvre ses portes afin de laisser sortir les personnes qui désirent descendre. À mon grand étonnement, je vois alors Cécilia sortir du bus et courir en hurlant après un jeune homme, qui se fait finalement agripper fermement par un monsieur, sorti lui aussi peu avant, et qui vient juste de le rattraper quelques dizaines de mètres plus loin. Il le maintient à présent d'une main ferme, tandis que Cécilia arrive à sa hauteur. Je sors à mon tour du véhicule et la rejoins aussitôt, quelque peu décontenancée...

Cécilia m'explique alors ce qu'il vient de se produire. Un peu plus tôt, ce jeune, qui s'était assis derrière nous, a glissé sa main dans mon petit sac à dos déposé au-dessus de ma tête dans le porte-bagage, pour y dérober mon appareil photo, celui que mon frère m'a prêté pour le voyage. Plus vive que moi, elle a bien compris son manège quand elle l'a vu se précipiter dehors, à la fin de l'arrêt, en espérant que le bus reparte aussitôt.

Encore sous le choc d'apprendre ce qu'il vient de se passer sous mes yeux, je récupère mon appareil photo. On me demande alors de vérifier si autre chose me manque. Je réponds « non », ne réalisant pas encore tout à fait la situation. Finalement, suite à mon approbation, on laisse le jeune partir, non sans l'avoir fermement réprimandé. Honteux de son geste, il finit d'ailleurs par s'excuser...

Mais ce n'est pas la fin de cette mésaventure, car je me rends compte, quelques minutes plus tard, qu'il m'a volé également l'argent que j'avais déposé dans une autre pochette de mon sac. Heureusement, ce n'est qu'une petite somme, le reste étant resté à la maison de mon amie. Mais il s'agit quand même de l'équivalent de deux ou trois jours de budget voyage. Un peu contrariée et encore secouée, je vis malgré tout cela positivement. Heureusement que la somme n'était pas plus conséquente. Cela me fait de la peine qu'un jeune à peine plus âgé que moi agisse de la sorte.

Je me demande ce qui l'a poussé, la pauvreté ou uniquement l'appât du gain facile ?

Notre programme étant de visiter les ruines magnifiques de Teotihuacan, nous y passons donc toute la journée. Très impressionnée par la grandeur du lieu et des bâtiments, je découvre mes premières ruines d'Amérique avec beaucoup d'admiration et d'intérêt.

Nous ne rentrons qu'en début de soirée et sans attendre, nous nous empressons de raconter « ma première aventure mexicaine » ! Il faut dire que cela commence bien et mérite d'être partagé !

Quant à moi, en raison de ce désagréable incident, je vais maintenant être plus prudente dans mes déplacements, notamment en laissant mon argent dans différents endroits, sac à dos, pochette de voyage, vêtements... Mais aussi en réalisant une copie de mon passeport avec laquelle je vais voyager, tout en laissant l'original chez Cecilia.

Cécilia et moi à Teotihuacan, février 2019.

Un soir, on décide de me faire visiter la place principale, « Plaza de la Constitucion », également connue sous le nom de « Zocalo ». Pour cela nous devons être dix personnes minimum à nous y rendre, selon des critères familiers. En effet, Mexico DF est connu, déjà, pour être une ville très dangereuse.

Nous sortons donc, Cécilia et moi, avec son frère Chucho et ses amis, jusqu'à cette place pour manger des tacos accompagnés d'un licuado (smoothie), en terrasse.

Tout est prétexte à rire ici. Je découvre les amis de son frère. Ce sont des jeunes supers, éduqués, drôles. La place est magnifique, gigantesque. La soirée se passe accompagnée par les chants des Mariachis, un type de formation musicale traditionnelle (musique à cordes, chant, trompette) et originaire du Mexique. Ils vont d'un endroit à l'autre du square en jouant les airs demandés par le public et sont payés ensuite, selon le bon vouloir de chacun. On me détaille avec précision les différents bâtiments du lieu, non sans fierté d'ailleurs. Une grande foule se presse sur cette belle place, des touristes étrangers mais avant tout des locaux. J'y vois des vendeurs en tout genre, indigènes ou non, déambulant en essayant de vendre nourriture, boisons ou objets artisanaux.

Cette place, en vérité, c'est la vie incarnée, et je regarde autour de moi avec passion toute cette agitation colorée et tellement latine. À tel point que n'ai plus envie de rentrer, disposée même à y passer la nuit !

Le lendemain matin, nous allons voir sa tante, qui est en fin de vie, suite à une maladie auto-immune qui atrophie petit à petit tous ses muscles. Nous nous rendons chez elle et la trouvons alitée, toute maigrichonne, alors qu'elle est encore assez jeune. Elle va mourir quelques semaines plus tard, juste avant mon retour en Belgique. Ce moment partagé avec cette inconnue, en fin de vie, m'a beaucoup émue. C'est désolant de voir une vie qui s'en va, lentement, bien avant l'heure.

Un soir, un peu plus tard dans la semaine, Cécilia, Roberto et moi-même, nous nous rendons au mariage d'une connaissance à lui. C'est un grand mariage dans toute sa splendeur. On m'a gracieusement prêté une robe pour l'occasion, ne possédant pas, bien sûr, une robe de soirée dans mon sac à dos !

Roberto vient nous chercher en voiture. Cécilia s'est faite toute belle. Elle est si joyeuse et câline au côté de cet homme qu'elle aime. Quand nous arrivons sur place, on nous installe à l'une des tables rondes. Nous sommes des centaines d'invités. Je me sens comme à Hollywood et c'est, dans mon souvenir, le plus beau mariage que j'ai eu l'occasion de vivre depuis le début de ma courte vie. Les mariés sont magnifiques, habillés glamour. Ils sourient constamment. L'épouse est radieuse dans sa belle et longue robe blanche scintillante, son maquillage de star et sa coiffure digne d'une princesse sortie d'un conte de fées.

Je les observe tous, complètement sous le charme et impatiente de découvrir la suite des festivités.

Après plusieurs discours des différents convives, un repas somptueux nous est servi, accompagné par des musiques variées. Des années plus tard, étrange synchronicité, tandis que je résidais au sud du Mexique pendant plus de trois ans, j'ai eu l'occasion de recroiser un soir ces jeunes mariés et de leur révéler ma présence, ce jour-là, à leur mariage. Sous le coup d'une vive émotion, la « mariée » m'a répondu alors que ce mariage a été et restera le plus beau jour de sa vie !

Une des dernières soirées que je passe à Mexico se tient à l'ambassade de France. En effet, Chucho termine cette année-là son année de bac au lycée français et il est invité à la fête initiée par l'ambassadeur. Nous l'avons donc accompagné, Cécilia et moi. Beaucoup de jeunes sont présents, mélangés aux adultes, tout cela dans une ambiance super décontractée.

Je rencontre ainsi plusieurs expatriés belges et français avec qui je parle dans ma langue.

Quelle joie !

Chapitre 12

Souvenirs de notre « voyage »

Notre date de départ approche.

Nous avons décidé de visiter le centre du Mexique, que Cécilia ne connaît pas non plus. Depuis son retour au pays, elle a effectué un séjour dans le Sud, la région touristique la plus prisée. Elle m'en parle toujours avec beaucoup d'engouement, à travers notamment l'évocation de la mer des Caraïbes aux couleurs vert-émeraude, bleu, et de ses plages de sable blanc. J'ai donc comme projet d'y aller après notre voyage en commun.

Après avoir consulté la carte, nous décidons de commencer notre périple par Acapulco, et comme notre budget vacances est très réduit, surtout celui de Cécilia, nous optons principalement pour l'auto-stop. Bien sûr, nous ne disons rien à la famille de mon amie et prenons pour commencer le bus afin de nous éloigner de Mexico. Mais ensuite, quelques kilomètres plus loin, dès notre arrivée sur l'autoroute, nous laissons le bus et commençons à faire de l'auto-stop jusqu'à Acapulco.

Celui-ci fonctionne très bien, les gens sont enchantés et étonnés de voir deux jeunes filles sur la route en train de lever le pouce et s'arrêtent facilement. Pendant notre trajet, mais durant aussi notre mois de voyage, les personnes que nous rencontrons feront au mieux pour faciliter notre périple et n'hésiteront pas à faire quelques kilomètres en plus, afin de nous déposer à un embranchement plus favorable.

Dès la sortie de la capitale jusqu'à Acapulco, il y a environ 5 heures de voiture, embouteillages non compris !!!

La dernière voiture qui s'arrête pour nous conduire jusqu'à la fin de notre trajet, a comme passagers quatre jeunes hommes qui partent également en vacances, pour la même destination que nous. Il s'avère qu'ils vont rester dans une maison louée ou prêtée (je ne sais plus), mais pas très loin de l'appartement où nous allons, chez l'oncle de Cécilia. Nous prenons donc leur téléphone.

Nous avons encore une fois de la chance, car ils nous déposent tout près de l'immeuble où se trouve la seconde résidence de son oncle et de son épouse.

Lorsque nous y arrivons, nous sommes agréablement reçues et après quelques politesses d'usage, on nous installe dans une petite chambre car l'appartement n'est pas très grand.

Les jours qui suivent, nous visitons Acapulco et ses environs. Il fait très chaud. Je suis assez déçue d'Acapulco, une ville trop construite à mon goût, avec souvent de grands immeubles, sans âme et vieillots. Le centre-ville n'a rien de « joli » et ressemble à tous les centres-villes classiques qui n'ont pas de centre historique. L'unique endroit que je trouve agréable est la fameuse baie que l'on voit sur toutes les cartes postales, avec ses rochers d'où plongent des jeunes gens pour quelques *pesos*, ce qui demeure un spectacle impressionnant.

Après plusieurs visites, nous profitons en fin de journée de la piscine qui est en-dessous de l'immeuble où nous dormons. Rassemblés tout autour, il y a des perroquets attachés par une patte avec une chaîne, à leur perchoir en métal. Leur présence constitue une véritable « attraction ». Je suis sous le charme de ces oiseaux multicolores, mais je préfèrerais qu'ils soient libres ! Aucun animal n'a envie d'être enchaîné. Ceux qui sont ici répètent ce que nous disons, plusieurs fois, dès qu'ils nous entendent parler. Je me souviens d'avoir appelé « Cécilia », et d'avoir entendu ensuite son prénom repris une trentaine de fois et avec la même intonation que celle que j'ai utilisée ! Au Mexique, il y a vingt-trois espèces différentes de ces oiseaux magnifiques. Ils adorent ce qui brille, et je me rappelle qu'une fois nous étions en train de siroter un bon licuado, quand l'un d'entre eux est venu brusquement arracher ma boucle d'oreille avec son bec crochu ! Adieu boucle d'oreille, elle a définitivement disparu !

Après deux nuits écoulées, l'épouse de son oncle nous annonce que la famille va débarquer le lendemain et qu'à partir de ce moment, nous ne pourrons plus rester. Cécilia téléphone donc à nos « derniers chauffeurs », les jeunes qui nous avaient pris en auto-stop. Ils lui répondent qu'il y a de la place pour nous loger dans leur villa et que nous sommes les bienvenues. Nous fixons donc un endroit pour nous retrouver en fin de journée, le lendemain.

Nous les retrouvons, à l'heure convenue, et nous revoici dans leur voiture, en route pour leur maison. Une fois à l'intérieur, le dialogue s'installe aussitôt. Nous papotons allègrement sur la terrasse de nos vacances, de ce pays, et dans l'euphorie, chacun se sert dans le paquet de cigarettes que j'ai déposé sur la table et qui se vide inexorablement !

Après avoir dîner, nous nous installons Cécilia et moi dans une chambre prévue pour nous deux. Nous sommes déjà en pyjama, quand ces jeunes gens viennent frapper à notre porte, fermée à clé. L'un d'entre eux nous demande d'ouvrir et nous refusons. Et là, petit à petit, nous sentons le désir de ces quatre jeunes monter à notre attention, un désir exacerbé aussi par la bière qu'ils ont abondamment bue toute la soirée. La porte n'est pas très épaisse, et nous continuons de les entendre de l'autre côté, se montrant même de plus en plus insistants et nous conjurant de leur ouvrir.

Nous nous regardons alors avec Cécilia, et en l'espace d'une seconde, sans même nous parler, nous nous rhabillons en vitesse et sortons en courant par la fenêtre, qui heureusement se trouve au rez-de-chaussée et donne sur la rue.

Nous voici donc à présent en pleine nuit, en train de déguerpir à la hâte, nos sacs à dos sur l'épaule, jusqu'à un lieu où nous serons en sécurité. Il est minuit passé et c'est déjà trop tard pour un hôtel…

Après une course un peu folle, nous décidons finalement de retourner au seul endroit qui nous semble protégé, la piscine qui se trouve en bas de l'appartement de son oncle.

Nous y passerons une courte nuit, encore sous le coup de l'émotion, en essayant de nous calmer mais également en riant de notre mésaventure. Nous sommes installées sur des chaises dures et arrondies, faites uniquement pour bronzer, et ce n'est pas évident de fermer l'œil, d'autant plus qu'il fait frais et humide et que nos amis les perroquets ne sont pas de compagnie très reposante !

Le lendemain matin, après une nuit « pratiquement blanche », nous partons à l'aurore prendre un petit-déjeuner en ville. Nous ne voulons surtout pas tomber nez à nez avec l'oncle ou son épouse, vu la situation, ni avec les employés de la piscine, et reprenons la route aussitôt, toujours en auto-stop.

Comme les distances sont énormes d'une ville à l'autre, nous nous rendons par trois fois dans un aéroport où transitent des avions privés, en demandant aux propriétaires s'ils empruntent la même destination que nous. De manière chanceuse, deux d'entre eux vont nous répondre « oui » et nous embarquer à leur bord. La première fois, nous montons dans un planeur, et je me souviens encore de ce silence dans les nuages, un silence très impressionnant et si magique. La deuxième, c'est un avion à quatre places qui nous est proposé.

Mais pas de troisième fois donc, car après des heures d'attente dans un aéroport, nous repartirons bredouille et recommençons l'auto-stop.

Arrivées à Guadalajara, la deuxième ville la plus importante du pays, berceau de la fameuse tequila et des Mariachis, nous louons une chambre dans un petit hôtel bon marché dans le centre. Nous découvrons le charme historique et colonial ainsi que les peintures murales du centre-ville et les attractions situées en périphérie de cette grande métropole.

Le premier soir, nous marchons tranquillement dans le centre qui regorge d'animations. À un certain moment, Cécilia se met à parler à un vieux monsieur qui cire les chaussures, métier très courant à l'époque dans toutes les villes du Mexique. Cécilia possède, et le conserve toujours, l'art de communiquer avec le cœur des personnes. Le contact est si fort entre eux qu'il nous présente à son épouse et nous propose de venir dîner chez eux le lendemain soir. Ils insistent, et nous ne pouvons qu'accepter leur générosité.

Nous voilà donc le lendemain, au même endroit, reçues chez eux. Leur petit appartement plus que simple, se trouve dans la rue même où il cire les chaussures. Le poulet qu'ils nous ont cuisiné avec tant d'amour, représente une dépense énorme pour ce vieux couple, mais qu'importe, ils sont enchantés de nous recevoir et nous ne pouvons dès lors que les remercier encore et encore en mangeant avec appétit ce qui nous est offert.

Beaucoup d'années se sont écoulées depuis, mais pour Cécilia et moi, cela reste un moment très fort dans nos vies que d'avoir été invitées par ce couple d'inconnu, si pauvre mais si fier de nous offrir le meilleur, avec autant d'amour...

Souvenirs de notre « voyage »

Notre passons notre dernière soirée dans la mégapole de Guadalajara, sur la Place de la Libération, la place principale de la ville, située derrière la cathédrale. Elle porte son nom en hommage à Miguel Hidalgo, ce révolutionnaire qui a aboli l'esclavage en 1810. Une statue immense le représente en train de briser une chaîne. De beaux bâtiments s'étendent autour de la place. Le lieu grouille d'une vie bourdonnante, avec des vendeurs, des artistes, des mariachis… Nous faisons connaissance avec deux américaines, deux belles femmes dans la quarantaine, qui sont accompagnées, chacune, par leur jeune amant local. Nous leur expliquons que nous sommes des touristes et que nous allons le lendemain à la station balnéaire de Puerto Vallarte, qui est située à un peu plus de 300 km. L'une d'entre elle nous dit avoir une maison sur place. Cécilia et moi, en catimini, nous nous imaginons déjà dans sa maison, au bord de la piscine, à nous dorer au soleil… Bref, nous rêvons totalement !

Mais tout en poursuivant notre discussion avec nos nouvelles connaissances et en profitant des activités qui se déroulent sur la place, le miracle se produit. L'américaine nous propose de nous loger dans sa maison, en son absence cependant, car elle ne compte pas y revenir avant quelques jours. Elle dit qu'elle va prévenir son gardien de notre arrivée et que nous pouvons rester trois à quatre nuits sur place. Nous n'en croyons pas nos oreilles et la remercions généreusement pour son hospitalité.

Sans le savoir, nous avons créé un futur potentiel qui s'est concrétisé, comme par enchantement. C'est beau la vie !

CHAPITRE 13

Puerto Vallarta

Le lendemain, dans l'après-midi, nous arrivons à Puerto Vallarte. À l'époque, c'est encore une petite station balnéaire connue pour la beauté de ses plages, ses bons restaurants et sa vie nocturne. On y a construit essentiellement de petits immeubles à appartements, blancs, et la ville présente un urbanisme assez harmonieux. Très prisée par les Américains et les Canadiens, certains y ont une résidence secondaire.

Parvenues devant la maison de l'américaine, nous tirons une corde au bout de laquelle une grosse cloche en cuivre se met à sonner. Un monsieur, un peu âgé, se présente à nous et nous accueille. Il s'agit du gardien et en même temps de l'homme à tout faire, métier également très présent au Mexique. Il ne semble pas très au courant de notre visite, mais nous laisse entrer quand même. La maison est en fait divisée en deux par une grille dans l'escalier. Elle sépare la partie haute de la maison, qui est la résidence de notre hôtesse, de la partie basse, réservée et organisée pour les invités. Le gardien nous y conduit et nous en remet la clé. Il nous montre ensuite le jardin et la piscine que nous pouvons utiliser quand nous le désirons.

Après l'avoir remercié, il nous laisse nous installer et retourne à son travail de gardiennage et de maintenance du lieu. Cécilia et moi sommes super enthousiastes d'être dans un si bel endroit, entouré en plus d'un magnifique jardin et de sa belle et grande piscine en mosaïques. L'appartement est peint en blanc. Tout y est encastré, à l'image des armoires dans les chambres, avec juste des portes devant et des planches à l'intérieur. Et grand luxe pour nous, c'est la première fois depuis le début de notre voyage, que nous disposons chacune de notre propre chambre. Nous y trouvons d'ailleurs des serviettes de bain et de plage qui nous sont réservées. Autour de nos lits, pas de meubles, mais deux grands trous avec une planche au milieu en guise de table de nuit, afin de pouvoir y déposer des affaires. Dans cet univers entièrement blanc, seuls les couvre-lits sont chamarrés, style mexicain, dans les tons bleus.

Nous découvrons ensuite une belle cuisine moderne, également encastrée et entièrement équipée, ouverte sur le salon. Tout est propre et dans un état impeccable, comme neuf. Que de confort pour nous, nous nous sentons chéries par la vie. Quelle aubaine !

Nous passons ici de longues journées heureuses à nous balader à Puerto Vallarta, mais également à traîner dans ce bel endroit, à faire notre lessive et à profiter de la piscine. Nous en oublions même le calendrier…

Cependant, quatre jours plus tard, une fin d'après-midi, en rentrant, nous nous apercevons que la maîtresse de maison est de retour. Nous préparons alors nos affaires en vitesse et décidons de reprendre la route vers Mazatlan, tout en nous excusant auprès d'elle d'être encore là. Elle ne se montre en aucun cas troublée et nous sourit même gentiment, sans faire de réflexion. Nous la remercions alors cordialement, en lui confiant que notre séjour dans sa maison a été un vrai bien-être pour nous, puis nous plions bagages et partons rapidement.

Ce n'est que vers 17 heures que nous parvenons à la sortie de la ville à pied, sacs au dos. Mazatlan est à environ 7 heures de route, à plus de 400 km. Pour être honnête, peu de gens vont à Mazatlan depuis Puerto Vallarta. L'unique intérêt de Mazatlan, à part les transports de fret maritime, c'est le bateau pour aller en Basse-Californie.

Quelques personnes se mettent à notre hauteur, mais elles ne nous font pas monter, car elles s'arrêtent à une courte distance de là. Après une demi-heure d'attente, nous y sommes toujours, et le soleil commence à descendre à l'horizon. Seul avantage, il fait moins chaud. Finalement, une voiture arrivant dans l'autre sens fait demi-tour et se rapproche de nous. À son bord, se trouvent deux américains, le père, dans la jeune soixantaine, et son fils, d'environ 35 ans. Ils se proposent de nous héberger à Puerto Vallarta, ce que nous refusons catégoriquement, certaines que la chance va bien finir par nous sourire, sous peu...

Une heure plus tard, le soleil est descendu sous le niveau de la mer et il commence à faire sombre. Nous sommes toujours au même endroit, mais beaucoup moins fières à présent. Soudain, la jeep de nos américains repassent devant nous et sur un ton détaché et amical, ils nous invitent à monter avec eux en nous assurant que nous ne risquons rien. Nous leur sourions et acceptons finalement leur offre, qui nous paraît être, en fonction des circonstances, la meilleure solution pour nous.

Ils nous conduisent alors dans leur superbe appartement, avec terrasse et vue sur la mer. Ils nous offrent à boire et nous demandent de nous changer car ils souhaitent nous inviter au restaurant. Ensuite, ils nous font rentrer dans une belle chambre à deux lits, équipée d'une douche.

Quelques minutes plus tard, nous en ressortons transformées et maquillées. Ces américains nous traitent avec beaucoup d'éducation et de respect, cela fait du bien et nous tranquillise complètement. Ils sont aussi ravis d'avoir de la compagnie féminine, que nous de nous sentir femme.

Nos hôtes nous conduisent finalement dans un restaurant mexicain de luxe, avec mariachis et service de qualité. Nous sommes aux anges, tout est délicieux et les musiciens jouent magnifiquement. Cécilia en profite pour leur demander des chansons traditionnelles, qu'elle adore, et elle chantonne en compagnie d'autres mexicains présents. Nos gentlemen sont enjoués de notre enthousiasme et s'amusent beaucoup de notre joie si communicative. Le fils est vraiment sous le charme de Cécilia, qui ne le remarque même pas, tant elle est heureuse d'être dans ce bel endroit et dans cette ambiance exaltante. Pour ma part, en plus d'être comblée par tout ce qui nous est offert durant cette merveilleuse soirée, je suis enchantée de pouvoir également parler anglais. C'est nettement plus facile de communiquer, pour moi, dans cette langue, même si mon espagnol progresse. Nos américains sont vraiment adorables et comme ils insistent pour nous offrir encore à boire et à manger, nous rentrons donc très tard.

Une fois chez lui, le fils nous propose une tisane. Cécilia décline sa proposition et va directement se coucher, comme le papa également. Je reste donc seule avec lui, et là, j'ai le droit à des confidences. Il m'explique, très ému, que sa fiancée est morte quelques mois plus tôt dans ses bras, tuée par balle, dans sa voiture. Cette balle lui était destinée, mais elle a raté sa cible. Il faisait à l'époque du trafic de drogue et suite à un règlement de comptes, cette tragédie est arrivée. Compatissante, je l'écoute me raconter son histoire, car il a vraiment besoin de se confier, c'est évident, et je sens que cela le réconforte.

Il faut toujours se rappeler que chaque instant de vie est précieux.

Le lendemain, nos hôtes nous préparent un merveilleux petit-déjeuner à l'américaine, avec œufs, toasts et fruits. Nous rions vraiment avec ces gentlemen, nos complices de quelques heures, et profitons pleinement ensemble de la joie de l'instant présent. Après nous avoir proposé de passer cette prochaine journée avec eux, ce que nous déclinons, vu que nous connaissons déjà bien les environs, ils se proposent de nous déposer en jeep. Ils nous conduisent alors à un embranchement, plus éloigné du centre que celui où nous étions le jour précédent et sur une route avec plus de passage. Nous les quittons avec un pincement au cœur et beaucoup de gratitude.

Nous avons passé avec eux des heures extraordinaires, comme détachées du temps, et nous les serrons maintenant dans nos bras avant de leur dire adieu, comme si nous quittions de vrais amis.

Merci la vie, merci de nous offrir de si belles rencontres !

CHAPITRE 14

De la terre à la mer

Parmi les nombreux souvenirs que nous avons partagés dans ce pays, Cécilia et moi, en voici quelques-uns, qui m'ont marquée fortement.

Un matin, un voyageur de commerce nous prend en voiture et comme nous avons pour but de découvrir un volcan lors d'une excursion à cheval, celui-ci trouve l'idée si alléchante qu'il décide de ne pas aller travailler et de partir avec nous. Nous passons donc la journée à trois, plus le guide, sur nos petits chevaux (les chevaux au Mexique ne sont pas très grands), sous la chaleur et au milieu des pierres volcaniques, dans des paysages superbes et hors du temps. Nous avons également beaucoup ri, ensemble, des mauvais cavaliers que nous sommes !

Une autre fois, ce sont des livreurs de Coca-Cola qui nous embarquent dans leur camion. Le seul souci, c'est qu'ils s'arrêtent à chaque village pour leur livraison. Et cela prend beaucoup de temps, entre décharger les bouteilles et recharger les bacs vides. Ce jour-là, j'ai vu Cécilia vraiment perdre patience, et dès que l'occasion s'est présentée, nous avons pris un autre véhicule afin de continuer notre route, de manière plus efficace !

À la vérité, nous sommes une attraction pour toutes les personnes qui nous font monter dans leur véhicule. Je suis toujours très contente de me mettre à l'arrière, ce qui fait râler Cécilia qui en a marre de faire la conversation aux différents chauffeurs. À la fin de notre séjour, cette astuce d'ailleurs a moins fonctionné, car elle insistait toujours pour que je m'assoie aussi à l'avant !

Mais finalement, c'est grâce à cela que j'ai progressé en Espagnol Mexicain !

À notre démarrage en auto-stop de Puerto Vallarta, nous sommes prises rapidement pour une partie de notre trajet. Parvenues à Mazatlan, ville sans charme où la nuit de gros rats pullulent, nous ne faisons que la traverser et y dormir une nuit, afin de pouvoir prendre le bateau, le lendemain, à destination de la Basse-Californie du Sud.

La traversée est longue, environ 15 heures jusqu'à La Paz, car c'est dans un vieux ferry que nous la faisons. Le départ est prévu en fin d'après-midi et l'arrivée le lendemain matin. Il y a quelques couchettes dans le bateau, mais pour une question de budget, nous décidons de dormir simplement sur des sièges.

Nous voici donc au port, dans l'attente d'embarquer. Sur le quai, il y a des locaux et des touristes mélangés, les uns derrière les autres, en file, prêts pour partir.

Je regarde autour de moi et j'aperçois un très beau noir américain, grand, mince, au visage très doux et aux traits réguliers. Bref, le physique du beau joueur de basket. Ce charmant jeune homme remarque tout de suite que je suis sensible à son physique et comme il est dans la file juste derrière nous, nous commençons à nous parler, dans l'imminence de l'embarquement...

Une fois montés à bord, nous restons lui et moi sur le pont à discuter en regardant le coucher du soleil à l'horizon. Il fait presque nuit. Brusquement, il commence à m'embrasser et sans trop réfléchir je le laisse faire. Mais rapidement, il se montre plus engageant et essaye de mettre ses mains sous mes vêtements. Je le repousse vivement, n'étant pas vraiment du genre à coucher avec un inconnu 2 heures après l'avoir rencontré ! Cependant, j'ai beau le repousser, il insiste lourdement. Je commence à me demander comment je vais pouvoir me sortir de ce pétrin, que j'ai moi-même encouragé, et cela ne m'amuse plus du tout !

Heureusement, l'univers est bien fait. Plusieurs policiers font également le trajet sur ce bateau. L'un d'entre eux se trouve sur le pont et s'approche bientôt de nous pour demander du feu. Je respire enfin, car je peux me dégager des grands bras trop envahissants de ce bel athlète en lui tendant mon briquet. En plus, formidable, ce policier semble vraiment s'ennuyer car il commence à nous faire la conversation. Je traduis un peu en anglais à mon « charmeur », qui de son côté n'est pas du tout ravi de voir celui-ci s'incruster !

Je reste encore quelques minutes avec eux puis file à l'anglaise, en les laissant face à face, et pars retrouver Cécilia. Je la retrouve endormie sur un des sièges. Je m'installe alors où il y a de la place, bien décidée à ne plus bouger jusqu'au lendemain matin, de peur de retomber sur mon charmeur aux désirs trop ardents pour moi. Il y a dans l'air une odeur de gasoil qui circule librement dans la salle. Elle est assez désagréable et me gêne pour dormir. Ce sera d'ailleurs le cas durant toute la traversée, mais pour rien au monde, cette nuit-là, je n'ai tenté d'aller respirer l'air frais du dehors !

Au matin, après avoir raconté à Cécilia ma péripétie du soir qui lui arrache un sourire un peu moqueur, nous sortons ensemble admirer le lever du soleil.

Peu de temps après, nous accostons enfin à La Paz et nous quittons rapidement le bateau. J'ai vraiment l'impression de sentir le gasoil partout ! Au cours du débarquement, je revois mon bel américain, légèrement derrière moi. Nos regards se croisent une dernière fois, discrètement. Je me sens un peu gênée.

Les hommes et les femmes ne se comprennent pas toujours, et cette histoire en est l'une des nombreuses illustrations !

Une fois à terre, nous choisissons un petit hôtel à La Paz, tout en cherchant une excursion intéressante à effectuer en bateau, pour aller admirer les phoques, et oui les phoques. Je suis très enthousiaste à l'idée de voir ces animaux sous le soleil, pendant le printemps mexicain !

Le bateau, qui est en fait une grande barque à moteur chargée de touristes mexicains et internationaux, nous amènent à différents endroits sur la côte afin d'observer ces charmants mammifères. Ils se déplacent sur des rochers de couleurs ocre et aiment se faire admirer. Ils se savent protégés et disons-le, ils jouent un peu les stars. En plus, ils sont entourés de petits, tellement mignons !

C'est dans une ambiance de fête et de joie que nous passons la journée, comme c'est souvent le cas lors des excursions dans le pays de mon amie.

La Basse-Californie allie montagnes et plages sur l'océan pacifique. Les rochers aux formes étranges sont impressionnants et de toute beauté.

Nous sommes totalement conquises par cette région « à part » du reste du Mexique, que ce soit sur le plan géographique ou sur celui de l'ambiance qui y règne.

CHAPITRE 15

Mexico et départ vers le Sud

À quelques jours de là, après avoir parcouru une partie de la Basse-Californie, nous rentrons à Mexico D.F., en autostop avion.

Nous voici de retour chez Cécilia et la première chose qu'elle fait, c'est de téléphoner à Roberto, et de lui fixer un rendez-vous pour le soir même. Je décline gentiment sa proposition de l'accompagner, car je suis certaine qu'ils vont préférer être seuls pour leurs retrouvailles !

Après son travail, Roberto passe la chercher en voiture. Cécilia est toute lumineuse et s'est faite belle pour son homme. Ils se retrouvent avec une certaine fièvre. Après l'avoir salué, je les regarde s'éloigner dans sa voiture, si passionnés l'un de l'autre.

Je passe alors la soirée dans la maison familiale, à papoter avec sa maman de mon projet de voyage dans le Sud du pays. Je suis en effet séduite par l'idée de repartir dans les deux jours à venir.

Pour mon premier arrêt, je compte visiter l'état d'Oaxaca. Sa maman connaît d'ailleurs un jeune belge qui vit entre la ville de Mexico et d'Oaxaca. Il a créé une association qui aide les jeunes Indigènes Zapotèques, très pauvres, à vivre plus décemment. Pour cela, l'artiste peintre qu'il est, vend ses toiles à la capitale, en plus de son travail. Tous les bénéfices des ventes vont à son association. Elle me propose donc de le rencontrer. Quelle excellente idée, en plus je suis touchée par ce qu'il fait.

Le jour suivant, elle m'annonce en fin de journée que tout est organisé. Son ami belge m'attendra à l'arrêt de bus dès mon arrivée à Oaxaca de Juarez, ville principale de l'état. C'est également là que se trouve son association. Elle me donne l'horaire et m'explique que tôt, le lendemain matin, Cécilia me conduira jusqu'à la station de transport. Il y en a pour 6 heures de route au moins jusqu'à ma destination.

Levées donc aux aurores ce matin-là, Cécilia me conduit en voiture jusqu'à la station d'autobus, puis elle m'accompagne jusqu'au bon bus et s'assure que tout est en ordre avant de me prendre une dernière fois dans ses bras, de me souhaiter un bon voyage et de me faire quelques dernières recommandations.

Je m'installe donc dans ce bus où cohabitent un mélange d'ethnies locales et quelques touristes. Et voilà ma petite boule au ventre qui est de retour. Je me retrouve à nouveau seule, sur les routes, avec mon mauvais espagnol, et je bénis la maman de Cécilia de m'avoir organisé comme première visite, une rencontre avec un belge, ce qui me garantit une certaine sécurité dans ce grand voyage vers l'inconnu.

À chaque arrêt du bus, des vendeurs montent et essayent de nous convaincre d'acheter le maïs (elote), cuit et saupoudré de chile, ou des boissons gazeuses (refrescos), ou bien encore du tamal, des pâtes de maïs mélangées avec un peu de viande ou de fruits, cuits à la vapeur et présentées dans une feuille de bananier ou de maïs.

Je discute tant bien que mal avec les uns et les autres pendant le trajet. Il est vrai que j'adore cette ambiance de bus, remplie de personnes qui vivent des vies tellement différentes de la mienne. Les sourires et les gestes sont une fois encore plus explicites que les mots. Le langage du cœur n'a pas de vocabulaire précis.

Nous arrivons bientôt au terminus et j'aperçois là une tête blonde, celle d'un homme d'environ 25 ans, de taille moyenne, mince, dont le visage exprime une gentillesse accentuée par de beaux yeux clairs, remplis de douceur. Avec le temps, j'ai oublié son prénom, mais je me rappelle bien tout ce qu'il dégageait et le merveilleux moment que nous avons passé ensemble cette après-midi-là. Du reste, il était accompagné par quelques-uns de ses « protégés » Zapotèques, âgés de huit à quatorze ans.

Après s'être présenté à moi, tout comme ses jeunes compagnons, il dépose mon sac de voyage dans sa voiture et m'emmène faire un tour dans la ville. Ces petits protégés me posent des tas de questions, qu'il traduit allègrement. Tout cela avec beaucoup de complicité et de taquinerie, et dans leur langue, un dialecte local.

Pour tous ces jeunes, il est comme un grand frère.

Tous les week-ends, il prend le bus le vendredi soir après sa semaine de travail et il quitte Mexico D. F., afin de passer deux ou trois jours dans ce centre qu'il a créé. Il récolte de l'argent en vendant ses peintures à Mexico, dans des galeries d'art et même en Belgique, quand il y retourne une fois par an. Il repart alors le dimanche soir ou s'il en a la possibilité, quelques jours plus tard, lors de longs week-ends ou durant les vacances. Il dort à l'aller comme au retour dans le bus, chaque semaine. Ce qu'il récolte permet aux jeunes de continuer leurs études, de s'habiller, parfois d'acheter de la nourriture pour leurs familles, car les parents sont souvent très pauvres.

Débarqué quelques années plus tôt dans cette région, en touriste, il est « tombé amoureux » de ses habitants et a décidé de les aider le plus possible.

Les Zapotèques ne sont pas très grands, leurs visages sont plutôt carrés avec de jolis traits fins et réguliers, leur peau est assez foncée. Ceux qui sont ici à mes côtés sont adorables avec moi et nous passons de bons moments à nous apprivoiser, à travers nos différences et nos ressemblances.

Oaxaca de Juarez est magnifique, le vrai Mexique si je puis dire. On y découvre des maisons de toutes les couleurs, de belles églises et cathédrales, héritages espagnols, et des petites boutiques diverses. Les places et les rues grouillent de vendeurs en tous genres et de belles montagnes entourent la ville. Je suis sous le charme. À un moment donné, nous rentrons dans une boutique et l'un des jeunes, qui doit avoir dix ans, regarde avec attention une petite poupée, ce qui provoque mon étonnement. En sortant, je lui demande pourquoi une telle attitude ? Il me répond avec son beau sourire que le jour où il aura de l'argent, il l'offrira à sa petite sœur. Mon sang ne fait qu'un tour, je retourne dans la boutique, j'achète la poupée et je lui donne avec un grand sourire. Il me remercie de tout son cœur en me promettant que plus tard, il me fera aussi un beau cadeau !

Après m'avoir déposée à mon petit hôtel, toute la troupe me quitte et je me sens bien seule après leur départ, et cette belle après-midi si animée. Je dois partir le lendemain matin pour les ruines de Monte Alban, tandis que mon nouvel ami belge retourne à Mexico. Nous sommes ensuite restés assez longtemps en contact, mais nous ne nous sommes jamais revus.

Quand il est revenu en Belgique quelques mois plus tard pour exposer et vendre ses toiles, j'étais une fois de plus à l'étranger.

L'être humain est capable de réaliser des choses si magnifiques ! J'ai eu moi-même dans ma vie l'occasion de rencontrer des personnes pleines de générosité, comme ce monsieur, qui en est un bel exemple...

Après ma visite des ruines de Monte Alban, je poursuis mon chemin sur la côte pacifique. Puerto Escondido est à l'époque une toute petite station balnéaire, aux plages magnifiques, et c'est donc là que j'achève le côté « pacifique » de mon parcours, et me repose au soleil quelques jours.

Ce périple, et bien d'autres après, ont formé mon caractère et m'ont permis de vaincre mes peurs. Le goût de l'aventure, de l'inconnu et du voyage, font toujours partie de ma vie, malgré les années qui défilent. Cela a développé également en moi un amour et un respect pour des personnes complètement différentes, qui ont, comme ces Zapotèques ou le couple qui nous a offert le poulet, une manière de vivre encore authentique, des valeurs et tellement plus d'humanité que ce que nous rencontrons dans nos sociétés dites modernes et devenues si individualistes !

Le Mexique, pays de mon cœur, où j'ai vécu plusieurs années et où je reviens régulièrement, a ce côté humain. Comme me dit souvent Cécilia, au Mexique on « tombe amoureux des gens », de leur accueil, de leur manière de vous traiter, de leur manière de parler, de rire, de vivre tout simplement et de pénétrer votre cœur.

Soyez sûr cependant que je connais également les défauts de ce pays et de certains de ses habitants...

Durant les cinq semaines de mon périple en solitaire, je me suis d'ailleurs déplacée essentiellement en auto-stop et honnêtement, sans trop de problèmes, même si j'ai dû, quelquefois, remettre l'un ou l'autre de mes chauffeurs à leur place !

Me voilà à présent dans l'état si authentique de Chiapas, avec son site archéologique de Palenque, que je découvre sous une pluie diluvienne. Il y a également la ville de San Cristobal de las Casas, si prisée par les vrais voyageurs. Véritable capitale culturelle de l'état, le mélange des rites catholiques et ancestraux en font un lieu étonnant. Les différentes ethnies qui y vivent, préservent leurs cultures dans le respect des traditions qu'elles ont accumulées au fil du temps, mélangées à la religion catholique, héritage de la conquête hispanique. Cela a pour conséquence d'attirer de nombreux touristes et ils essayent de s'en protéger tant bien que mal.

La nature des différents états mexicains que j'ai le bonheur de parcourir, est grandiose et très diversifiée. En tout point, je suis séduite, malgré la chaleur et parfois l'humidité qui est de plus en plus présente. Nous sommes au mois de mai. Je fais la connaissance d'autres voyageurs du monde entier et comme il est de coutume, on se retrouve le soir autour d'une table pour échanger des infos ou raconter nos aventures !

Une rencontre m'a particulièrement marquée, celle d'un jeune homme japonais qui voyage dans toute l'Amérique Centrale, et si je me souviens bien, qui a commencé son voyage par les États-Unis. Je l'ai croisé pour la première fois dans l'état de Chiapas, pour le retrouver ensuite à Mérida, où nous logeons dans le même petit hôtel et nous nous retrouvons le soir, parmi d'autres voyageurs du monde entier, pour boire un verre. Il ne connaît qu'une seule phrase en espagnol, « una cerveza por favor » (une bière svp), et « gracias » (merci). Son anglais est limité à dix mots. Il est parti pour des mois en solitaire, et en vélo...

Et toujours avec le même sourire !

À Mérida, ville coloniale et culturelle dans l'état de Yucatan, je me pose quelques jours, sous l'enchantement de ce lieu où j'ai l'impression de retourner trente ans en arrière minimum, et où le tourisme de masse n'est pas encore présent. Il y a également différentes cités mayas et sites touristiques à visiter aux alentours, comme les fameux *cenotes*. Il s'agit de trous remplis d'eau de source, plus ou moins profonds, dans le milieu souterrain, où il est possible de nager et parfois même de faire de la plongée. Ils sont en plus d'une beauté extraordinaire.

Nous sommes début juin, c'est la saison des pluies et presque tous les jours il pleut abondamment. J'entends parler d'un lac à moins de 2 heures de bus de la ville, situé dans un parc naturel qui est une réserve ornithologique et qui abrite une vie sauvage variée, avec des canards du Canada, des pélicans, des ibis, des aigrettes, etc., on me dit même que des centaines de flamands roses, la plus grande colonie d'Amérique du Nord, y font leur nid. Très emballée, je décide aussitôt d'y aller le lendemain matin. C'est du village de pêcheurs de Celestun, situé à 92 km de Mérida, que partent les visites en bateau. Amoureuse de la nature, je prépare ce soir-là mes affaires avec un enthousiasme débordant, songeant déjà à ma future excursion...

Le lendemain matin, sous un ciel couvert (la saison des pluies est bien présente en ce début juin), mais tranquillisée qu'il ne pleuve pas, je monte dans le bus vers ma destination que je finis par rejoindre 2 heures plus tard.

Une fois descendue, je demande à un monsieur, un local, où je peux voir ces fameux flamands roses ? Il me dit de le suivre et m'amène devant la maison d'un ami, à qui il s'adresse en sourdine. Tous les deux me conduisent ensuite dans la maison d'un autre ami, et rebelote, je me retrouve maintenant avec trois hommes que je ne connais pas, en continuant de penser qu'ils vont me guider vers un embarcadère ou même que l'un d'entre eux est un guide sur le lac...

Jeune, j'avais une confiance dans la vie que j'ai toujours gardée, même si à certaines périodes celle-ci s'est altérée suite aux évènements difficiles que j'ai traversés. Maintenant, elle est à nouveau plus présente, avec une puissance en lien avec le chemin spirituel parcouru depuis. Je dois à la vérité de dire aussi que j'étais également, à l'époque, d'une grande naïveté.

Mes trois « lascars » et moi, nous commençons donc à pénétrer dans la mangrove par un petit chemin de terre étroit, où nous sommes obligés de marcher l'un derrière l'autre. En quelques secondes, le paysage change, et nous voilà entourés de palétuviers qui poussent dans la vase et qui sont maintenant tout autour de nous. Après dix minutes à peine de marche, les trois hommes s'arrêtent et me disent qu'ils doivent se reposer. Ils sortent alors un joint et se mettent à fumer l'un après l'autre, tout en me proposant d'en faire autant : « Fume petite, fume », me crient-ils exaltés !

Je commence à me sentir embarrassée. En effet, nous avons déjà parcouru beaucoup de petits chemins boueux, et je me sens à présent bien incapable de refaire le trajet en sens inverse, tellement dans cette nature tout me semble similaire. La seule chose que j'ai repérée, c'est que de l'autre côté de la rive se trouve un petit village que nous venons de dépasser, non loin d'une rivière qui donne sur le lac. Je demande alors à mes trois lascars d'y aller directement après cet arrêt qui n'en finit plus, et je me place devant sur le chemin et commence à marcher. Les regards insistants qu'ils posent sur moi me pèsent de plus en plus.

Brusquement, celui qui se trouve le plus proche de moi se lève et vient me pincer une fesse. Mon sang ne fait qu'un tour. Je me mets à hurler si fort, qu'ils me regardent tous, médusés. J'en profite pour leur redemander avec force de me désigner la route et l'un d'entre eux me l'indique finalement du doigt, sans prononcer un mot, toujours sous le choc de ma réaction brutale.

Je ne fais ni une ni deux et me précipite aussitôt en courant dans cette direction, pressée de m'éloigner au plus vite de cette impasse dans laquelle je me suis fourrée. Cependant, au prise avec cette boue, je glisse plus que je cours et me perds de plus en plus dans la mangrove. À un certain moment, j'aperçois au loin la rivière et il me semble que je suis dans la bonne voie, car je me rappelle que le village est en amont. Afin d'y accéder, je commence à enjamber les racines courbées des palétuviers. Marcher devient pénible et en plus tous les chemins se ressemblent. Pour faire cinquante mètres, je mets un temps incroyable, car je m'enfonce entre les racines. J'essaye d'ailleurs de ne pas perdre mes chaussures et de maintenir mon petit sac à dos hors de l'eau. J'accède enfin à la rivière et me jette dedans, épuisée et en panique, en espérant que mes trois lascars ne réapparaissent pas sur ma route. L'eau est très peu profonde, environ quarante centimètres, le fond est plein de vase et est trouble. Je suis incapable de voir à plus de vingt centimètres…

Depuis toujours j'adore l'eau, je suis d'un signe d'eau et le contact tiède avec elle me rassure, quelque part. Je me couche donc à l'horizontal, dans le cours de la rivière, et comme le peu de profondeur ne me permet pas de nager, j'avance en enfonçant les mains, l'une après l'autre, dans la vase. En fait, je me projette vers l'avant à la force de mes bras, en laissant le reste de mon corps flotter.

La pluie commence à tomber et pas qu'un peu. Mon sac à dos glisse sur le côté, avec le précieux appareil photo de mon frère qui commence à prendre l'eau. Tant pis, je lui en achèterai un autre ! Ce qui m'importe à présent, c'est de sortir de cette situation complètement rocambolesque dans laquelle je suis encore engouffrée.

Soudainement, comme si le ciel s'ouvrait, je vis « ma seconde expérience spirituelle ». Je me sens alors complètement entourée, protégée, et je ressens une « présence » qui me fait comprendre que je vais m'en sortir… J'avance toujours au-dessus du fond vaseux, dans l'eau, mais je n'ai plus peur maintenant d'être piquée par un serpent d'eau ou de croiser un autre animal tout aussi dangereux. J'avance et me sens bien, « sous protection divine ».

Je regarde simplement le ciel, tout en progressant lentement, et c'est comme si nous communiquions ensemble !

Une demi-heure après ou même plus, – j'ai perdu la notion du temps –, j'aperçois du côté gauche de la rive quelques maisons en bois, auxquelles succèdent ensuite des maisons en béton, puis enfin le village lui-même. Je m'approche alors de la rive pour enfin sortir de l'eau. Je suis remplie de vase des pieds à la tête. Je me débarbouille comme je peux et vide ensuite l'eau de mon sac. Parvenue au centre du village, je cherche aussitôt une boutique de vêtements. Je la trouve facilement, vu qu'il est minuscule. J'y achète un tee-shirt et retire le mien, trempé et boueux, enchantée d'enfiler le nouveau. La vendeuse me fixe longuement, quelque peu décontenancée. Il est vrai que j'ai une allure à faire peur. Je suis arrivée sous une pluie torrentielle et mon corps est noir de boue. Je lui demande de m'indiquer comment rentrer à Mérida et où se trouve l'arrêt du bus. Point positif, il y en a régulièrement.

Je sors sans plus attendre de la boutique et me dirige vers la station où effectivement, je ne l'attends pas longtemps.

Une fois à l'intérieur, je reste encore un peu sur mes gardes car le trajet passe à Celestum. Je me renfonce donc dans mon siège, mais heureusement, à l'arrêt concerné, pas de traces de mes acolytes. Totalement rassurée, je lâche toute la tension que j'ai en moi depuis le début de mon expédition et cette rencontre hasardeuse.

Malgré cela, j'ai froid durant tout le trajet du retour, car il fait humide et les vêtements que j'ai dû conserver ne sèchent presque pas.

Deux heures plus tard, je suis enfin dans ma chambre où je prends de suite une douche bien méritée et nettoie mes vêtements. Avec bonheur, mon hôtel, très bon marché, héberge de nombreux voyageurs et le soir tout le monde se retrouve autour d'un verre, suivi parfois d'un repas. Je profite de ces instants pour raconter mon histoire et je me mets à pleurer. La solidarité et les rires me font du bien, et je me sens, en fin de soirée, à nouveau sereine.

Le pire, c'est que je n'ai pas vu un seul flamand rose, mais juste quelques hérons ! J'apprends d'ailleurs ce soir-là que pendant la saison des pluies, ils quittent tous la réserve de Celestun !

CHAPITRE 16

Fin de périple et retour

Après avoir sillonné l'état du Yucatan, je termine mon périple à Cancun dans l'État de Quintana Roo. Je découvre son centre-ville, construit rapidement et sans attrait. Par contre, à quelques kilomètres de là, s'étend la zone hôtelière aux plages magnifiques de sable blanc. À l'intérieur, côté jungle et lagune, c'est également de toute beauté. Malheureusement, nous sommes mi-juin, en pleine saison des pluies, et je n'ai pas l'opportunité de profiter de ces belles plages et de cette fameuse couleur bleu-émeraude de l'eau, que Cécilia m'a si souvent décrite. En cette période de l'année, comme en septembre, les deux mois de saison pluviale, tout est pratiquement gris à longueur de journée, le ciel comme la mer. Dès qu'il pleut, les égouts se bouchent ou sont vite engorgés. Les rues se remplissent d'eau et il est courant d'en avoir jusqu'au-dessus des chevilles, ou même plus haut. Et bien sûr, les meilleurs amis de cette saison sont les moustiques !

Après deux jours dans ces conditions, je n'en peux plus. Ici, tout est fait pour profiter du soleil, mais là, il est absent... Donc, à part manger, boire et regarder le déluge, il n'y a rien à faire que compter ses piqûres de moustiques ! Frustrée, j'achète sans tarder un aller simple en avion pour Mexico et préviens Cécilia de ma venue le lendemain. Je n'ai aucune envie de passer trois jours dans un bus pour retourner à la capitale !

Il faut savoir néanmoins que trois ans plus tard, je suis revenue vivre dans cette région et j'ai eu la possibilité d'apprécier les beaux changements de couleurs de la mer et de la lagune, les plages paradisiaques, ainsi que la jungle en arrière-pays. Mais plus que tout, c'est la vie avec les mexicains qui m'a séduite, notamment avec les Mayas qui vivent dans cette région, et les autres mexicains ensuite, qui débarquent de tout le pays pour vivre à Cancun et dans la périphérie, car en ce temps-là, il y avait du travail dans le Yucatan.

La région n'a fait que se développer depuis lors. J'ai eu la chance d'y vivre quand Cancun avait une taille humaine, que tout le monde se connaissait et formait une atmosphère de « village ». Toute la côte jusqu'à Tulum était pratiquement sans construction. C'est là que j'ai passé mon brevet PADI de plongée et que je « tombais en amour », comme disent les Canadiens, des fonds marins et de leur barrière de corail qui était encore, à cette époque, de toute beauté.

De retour donc à Mexico, je retrouve avec une grande joie mon amie qui vient me chercher une fois de plus à l'aéroport. Je partage avec elle mes aventures depuis notre séparation et elle fait de même de son côté. Il est temps pour moi de rentrer en Belgique et j'en profite également pour réserver la date de mon billet retour vers l'Europe, à savoir dans deux jours.

Le lendemain, nous passons la journée avec une des meilleures amies de Cécilia, Lidia, que j'ai déjà rencontrée à Mexico D. F., la première semaine après mon arrivée, et que j'adore. C'est une jeune femme brillante et pleine de vie, qui deviendra, quelques années plus tard, une journaliste célèbre, une sorte de « guerrière » qui se bat au quotidien contre la corruption présente dans son pays. J'aurais l'occasion de la revoir quelquefois, car elle vivra un temps à Cancun, les mêmes années que moi.

Dans la famille de Cécilia, on me complimente sur les progrès que j'ai faits en espagnol. Il est vrai qu'il n'y a rien de mieux que l'auto-stop et le voyage en solitaire dans le pays du sombrero et de la tequila, pour progresser dans la langue locale !
Le jour de mon départ, Cecilia et Lidia décident de me conduire, ensemble, à l'aéroport. Mon vol est dans l'après-midi et nous y arrivons donc toutes les trois tranquillement. Lorsque nous approchons du comptoir de la compagnie avec laquelle je dois voler, j'aperçois une immense banderole sur laquelle est écrit « HUELGA ». Je demande à Cécilia ce que signifie ce mot et elle me répond en français « GRÈVE ». J'apprends alors que mon vol est annulé car les employés de la

compagnie sont effectivement en grève ! Honnêtement, je suis désespérée, car je m'étais faite à l'idée de rentrer et me réjouissais déjà de retrouver la famille et les amis. Il est vrai aussi que trop confiante, je n'ai pas confirmé mon vol de retour auprès de la compagnie, comme l'exigeait la procédure.
Nous retournons à la maison, contraintes et forcées. La formidable maman de Cécilia va quand même finir, après un long moment au téléphone, à me « caser » dans un vol de retour qui décolle dans deux jours. C'est un grand soulagement pour moi et je l'en remercie chaleureusement...

Après des adieux à mon pays d'adoption depuis trois mois et à Cécilia, que j'aime tant, je rentre dans mon petit pays tout plat, enchantée et comblée. Bien sûr, il y a les retrouvailles familiales, le plaisir d'être à la maison également et de revoir mes amis. Mais je suis contente également de retrouver la Grand-Place de Bruxelles, avec ses bons cornets de frites, la fraîcheur des soirées du mois de juin et le bon chocolat. En un mot, toutes ces traditions locales que je me surprends à encenser, à chaque fois un peu plus, au retour d'un périple.

Un fait que j'apprécie particulièrement quand je rentre de voyage, c'est qu'il n'y a pas de mendiants à Bruxelles (nous sommes en 1983). Il y a tellement de pauvreté dans les grandes villes au Mexique et au Maroc, que de ne plus en voir autour de moi est un véritable soulagement. Toutes ces souffrances, le regard de ces enfants qui travaillent dès leur plus jeune âge, m'ont brisé le cœur plus d'une fois.

Par malheur, les années qui ont suivi, j'ai vu mon petit pays où il faisait bon vivre, s'enfoncer dans un marasme économique provoqué bien évidemment par nos politiciens, dont la plupart sont égotiques et corrompus, mais avant tout par ceux qui les gouvernent dans l'ombre et qui ont tout pouvoir.

Peu à peu, de plus en plus de sans-abris ont ainsi parsemé les rues de toutes les villes de Belgique, en parallèle à une montée de violence, d'extrémisme en tout genre, de prostitution, de consommation d'alcool et de drogue. Bref, d'un déclin à tous les niveaux de notre société et des pays voisins européens où, à l'époque également, il faisait bon vivre.

Notre langue s'est amoindrie et de nouvelles expressions sont apparues, exprimant même l'opposé du sens réel. Par exemple, « trop cool », qui officiellement signifie « c'est super », exprime en vérité le contraire, soit littéralement « ce n'est pas cool du tout » ! De surcroît, le vocabulaire vulgaire est devenu aujourd'hui la norme, même dans le dictionnaire. Tout cela est fait exprès, bien sûr, car la pensée crée, et quand elle est mal formulée, c'est le contraire de ce que vous désirez qui vous arrive.

On formate depuis des années les gens, dès leur plus jeune âge, à rentrer dans un système qui n'est fait que pour servir une minorité, une élite dédaigneuse et sans âme. Le système scolaire est de plus en plus catastrophique, abrutissant, et il n'épanouit plus les enfants. L'être humain perd ses valeurs familiales et sociétales et n'est plus considéré que comme un produit de consommation.

De plus en plus de personnes ne trouvent pas de sens à leur vie et l'agressivité devient la norme.

Les vraies valeurs de bonté, d'honnêteté, de gentillesse, de respect et d'empathie disparaissent, pour faire place aux valeurs individualistes et compétitives. Un asservissement s'installe, en parallèle, pour la majorité des personnes que l'on occupe et abrutit par des jeux, séries TV, films violents et dépravants ou pire encore, par la téléréalité. Les valeurs de respect et de cœur s'amoindrissent. Les relations humaines deviennent avant tout virtuelles et la solitude et la dépression augmentent.

Les grandes chaînes de distribution prennent le pouvoir au détriment des commerces indépendants. Jour après jour, on renforce la dépendance des personnes vis-à-vis du système commercial, surtout dans les villes.

Gagner sa vie devient un véritable challenge, une survie même dans nos pays dits « riches et développés ». L'aide sociale devient courante, presque une norme.

Une certaine délation apparaît, elle est même encouragée par un système complètement dépravé, notamment depuis la « plandémie » du Covid-19. La bureaucratie est partout, et en corollaire, les services avec personnes physiques présentes sont en disparition et souvent remplacés par des machines.

MAIS où sont donc passés la liberté de ma jeunesse, la qualité de vie et l'humanité dans tout cela ?

Durant les trente dernières années, j'ai vu cette décadence et le contrôle sur tous les plans s'installer, insidieusement, spécialement depuis les débuts du téléphone portable. Ce n'est pas la 5 G qui va arranger les choses, ni la 6 G, déjà prévue ! L'envahissement de l'informatique dans tous les secteurs confirme d'ailleurs ce contrôle.

Fort heureusement, par mon cheminement intérieur spirituel, j'ai la chance de vivre avec détachement ce qui se passe à l'extérieur, et de m'installer dans un état d'être « heureux » à l'intérieur. Cette attitude me donne une force que je développe, au quotidien, par la méditation et la pensée positive. C'est avec le sourire et la confiance que j'avance dans ma vie, persuadée que ce qui est juste pour moi arrivera. J'ai eu la chance de réaliser beaucoup de mes rêves et d'avoir une vie riche. C'est avec gratitude que je poursuis mon existence, mais également avec la curiosité de ce que le lendemain, à tout niveau, va nous offrir. Il faut avouer que depuis un peu plus de deux ans, depuis mars 2020, début de la « folie virus » dans notre partie du monde, nous vivons une période fascinante mais très troublante. La guerre avec l'Ukraine n'en n'est qu'un de ces tristes aspects, dans la mesure où les populations locales ne sont, une fois de plus, que les victimes d'intérêts qui souvent les dépassent.

Concernant le cheminement spirituel, je considère comme une grande opportunité de vivre notre époque comme une bénédiction. Nous avons le choix de nous soumettre et de vivre dans les peurs transmises par la TV et les journaux classiques, en permanence et mondialement, dirigés par les mêmes groupes, dont les mensonges ne sont là que pour servir leurs intérêts. OU nous pouvons nous épanouir dans les belles énergies qui s'installent petit à petit sur notre planète bleue, en parallèle avec la montée de la fréquence Schumann terrestre (le niveau vibratoire) et vivre heureux, dans l'instant. Nous vivons une époque incroyable de grands changements et nous découvrirons, les prochaines années, ce que l'humanité aura choisi.

À nous de l'aider en créant des futurs heureux et en cheminant, par le cœur, afin que notre planète fasse ce saut quantique d'une manière positive. Nous sommes tous UN, chaque pensée crée le monde de demain ! Restons bien conscient de cette évidence.

Chère lectrice, cher lecteur, je vous invite à faire votre part, à vous transformer et à devenir une meilleure version de vous-même, dans la bienveillance, pour que ce changement planétaire se fasse. Et ainsi que votre véritable nature spirituelle jaillisse et émane au service de tous et du changement planétaire.

Depuis quelques mois, je me suis établie en Andalousie, terre de haute vibration et de transformation. Je rencontre des personnes magnifiques et estime vivre au paradis. Mais pour rappel, le paradis est avant tout intérieur et se reflète vers l'extérieur. Nous avons la chance de pouvoir « manifester » ce que nous désirons, si c'est juste pour nous et si nous saisissons les opportunités qui nous sont offertes de le faire.

CHAPITRE 17

Nouvel envol

Pendant le mois de juillet, je revois mes amis et profite de mon temps en Belgique pour faire ce que j'aime : excursions, théâtre, café-théâtre, les verres entre amis ou les visites chez les uns et les autres.

Suite à mon périple mexicain, je me sens épanouie et heureuse de vivre. Au mois d'août prochain, j'irai travailler dans un restaurant, dans le centre-ville, ce qui me permettra de repartir en septembre, en Israël. Je ne me sens pas prête à entreprendre une vie classique de travail dans le tourisme et par conséquent à m'installer dans une vie dont le but principal serait matériel.

Le mois d'août, en effet, c'est la découverte du milieu de *l'horeca* (la restauration), du côté professionnel, et je deviens serveuse pour un mois dans un restaurant spécialisé en fruits de mer. Tous les soirs, en fin de service, je sors avec les généreux pourboires que nous recevons habituellement, et je mets de côté tout mon salaire, mon but étant de repartir tout le mois de septembre.

S'agissant d'Israël, je me suis intéressée à la vie dans les kibboutz et je désire m'y rendre absolument, en plus de tout l'attrait que ce pays hors du commun exerce dans mon imaginaire.

Jérusalem a été la ville numéro un pour moi de toutes mes attirances, celle de toutes les religions. Du reste, c'est l'un des endroits qui m'a le plus impressionnée de l'ensemble de ceux que j'ai pu découvrir sur notre planète...

Début septembre, je me retrouve donc à nouveau à l'aéroport, 4 heures à l'avance, comme stipulé par la compagnie aérienne, afin de pouvoir prendre mon vol pour Tel Aviv. Le passage de la douane est bien différent de tous les précédents que j'ai eu l'occasion de faire. On me pose une multitude de questions, qui me semblent n'avoir ni queue ni tête. Je ne réalisais pas à quel point ce pays met un point d'honneur à sa sécurité, qui est encore aujourd'hui, pour lui, une question de survie, spécialement pour sa propre compagnie aérienne El Al, avec laquelle je voyage ce jour-là.

Deux jeunes agents de la sécurité continuent de me questionner sur le contenu de mon sac à dos, et je dois leur expliquer en détail la raison de mon départ et où je vais voyager en Israël, les adresses des personnes qui vont m'accueillir, les hôtels où je vais loger...

En définitive, je ne m'en sors pas trop mal, comme je ne connais pas la moitié des réponses, je brode un peu en rajoutant des nuits officielles chez des personnes chez qui je compte passer moins de temps.

Quelques heures plus tard, après un vol sans encombre, me voici en Israël. Le temps que je sorte de l'aéroport et que j'arrive en bus dans le centre de Jérusalem, c'est déjà la fin de l'après-midi. Cette ville, capitale d'Israël, est le lieu de culte des trois religions monothéistes. La partie Est se trouve être la capitale de l'État de Palestine (toujours pas reconnu comme pays par certains gouvernements, ainsi qu'Israël d'ailleurs). Convoitée depuis des millénaires, Jérusalem me séduit tout de suite par sa vieille cité construite en pierres couleur ocre, et par ses rues étroites et ombragées. Une ambiance de souk très arabisée y règne. C'est par là que commence ma découverte de la ville sainte.

Comme je me balade seule dans les rues, je me fais constamment abordée par les autochtones de la vieille ville et leurs mains baladeuses... Dès lors, moins d'une heure après, j'en viens à demander la protection des militaires, présents partout, spécialement dans cette partie ancienne de la capitale. Ils finissent donc par me raccompagner à la « Guest House » que j'ai réservée pour dormir, et qui est située également dans cette partie de la ville. J'y demeure toute la soirée pour n'en sortir que le lendemain matin, de bonne heure.

La journée suivante, je ne rencontre plus de soucis et je peux visiter tranquillement tous les lieux de cultes. Tout d'abord le mur des lamentations, où je suis très touchée de voir tellement d'effusions, où l'énergie spirituelle et de paix ne peut que frapper le cœur de chaque âme présente. Tous les pratiquants sont dans un état de transe, emportés par leurs prières et le bonheur d'être enfin « là ». Les larmes me montent aux yeux de contempler tant de dévotions et de sincérité.

Je retrouve la même ferveur autour de la magnifique mosquée bleue (la Coupole du Rocher), mais pas les mêmes personnes évidemment. En tant que femme, je dois me contenter d'en faire le tour et de jeter quelques regards vers l'intérieur, quand cela est possible.

Je poursuis ensuite mon parcours par le Mont du Temple, le lieu le plus sacré du judaïsme où se trouvait jadis le Temple de Jérusalem.

Ayant été élevée dans la tradition catholique, même si nous n'allions à l'église que certains Noël et que nous ne pratiquions rien du culte, cette religion est celle qui a bercé mon enfance. J'ai suivi des cours de catéchisme jusqu'à la fin des « humanités » et j'ai fait ma première communion. Tout cela m'a laissé une empreinte et un intérêt pour tout ce qui est chrétien, mais pas spécialement catholique d'ailleurs, car j'y trouve trop d'oppressions, de culpabilité et de lamentations, pour me convaincre que c'est la juste voie religieuse. Avec le temps, mon intérêt s'est transformé en un engouement pour tous les cultes, au fur et à mesure de mes pérégrinations.

Je décide donc d'achever ma visite par les lieux saints chrétiens.

Après avoir effectué, avec une grande émotion, toutes les stations du chemin de croix situé via Dolorosa, (ou chemin du Calvaire) jusqu'au Mont Golgota (ou Mont du Calvaire), j'aboutis en soirée dans la fameuse église du Saint-Sépulcre, construite sur les lieux présumés du Calvaire, le Mont Golgotha (lieu de la crucifixion). Je suis vraiment bénie car quand je franchis la porte, le lieu est presque vide, vu l'heure tardive. Je peux donc me recueillir, comblée, là où d'après les textes sacrés, le corps du Christ fut déposé après sa mort et où sa résurrection aurait eu lieu. Pour anecdote, c'est une famille arabe qui prend soin de l'église.

Quelle chance de pouvoir passer du temps dans des lieux si vénérés. Cette ville unique et si particulière, a notamment comme originalité de posséder sa ville ancienne, qui est entourée de remparts et divisée en quatre quartiers : juif, chrétien, musulman et arménien. On y croise des touristes du monde entier, principalement en cheminement spirituel. C'est impossible de ne pas être ému par cette capitale fascinante, véritable plongeon dans l'histoire et dans les religions monothéistes. On en sort différent, surtout après avoir sillonné ces ruelles et ces lieux de cultes importants si vénérés par tous ces religieux.

J'y suis retournée et y retournerais encore, car chaque retour marque une autre étape de notre vie et de notre être plus en profondeur. Chaque lieu nous rappelle des moments clés de l'humanité. « La richesse c'est la diversité » et Jérusalem est l'expression de cette vérité.

Qu'importe le culte représenté, le peuple israélien prend soin de chaque lieu saint avec respect...

Ma seconde étape est à présent la ville dynamique de Tel Aviv. Bien plus moderne que sa voisine, elle est la véritable « capitale économique du pays ». Aussi vivante de nuit que de jour, Tel Aviv est en ébullition constante.

J'y suis reçue par un couple d'israéliens, amis d'une connaissance vivant en Belgique. Ils m'accueillent, ainsi que leur fille, avec gentillesse et générosité, pour quelques jours dans leur appartement. Les trois parlent parfaitement français, car ils ont habité la majorité de leur vie en France. Je les vois uniquement le soir. Je passe mes journées à parcourir la ville et les alentours. Je me souviens d'une anecdote les concernant. Le deuxième soir, ils m'ont préparé des frites pour le dîner, voulant à tout prix me faire plaisir !

Le mari occupe son temps, pendant les repas, à me raconter ses aventures professionnelles, et il en a beaucoup, car il est propriétaire d'une discothèque à Tel Aviv. Du reste, après le dîner, il s'y rend et ne revient qu'à l'aube.

Via une autre connaissance en Belgique, je reçois le téléphone d'un de ses amis israéliens qui vit dans le centre, et qui parle également français. Il s'agit de Shlomo, chauffeur de taxi. Il a passé son enfance et son adolescence à Paris avant d'émigrer à Tel Aviv.

Shlomo n'est pas très grand. Il est d'origine séfarade avec des cheveux et une peau assez foncés. Il a le caractère enjoué et commercial. Nous sympathisons instantanément, même si je me méfie de son côté pas toujours très net. Il m'amène partout dans la ville, à la plage et dans les abords, pour une

Nouvel envol

somme forfaitaire pas trop élevée, que nous discutons tous les matins quand nous nous retrouvons.

Je découvre ainsi le magnifique quartier de Jaffa, situé dans la partie sud de la ville, l'un des plus anciens ports également de la côte orientale de la méditerranée. Lieu historique, ce n'est qu'après l'indépendance de l'État d'Israël que Jaffa a fusionné en 1950 avec la ville de Tel Aviv.

Entre deux visites, Shlomo prend un client dans son taxi, alors même que j'y suis également, pour arrondir, dit-il, la somme que je lui donne pour la journée. Grâce à lui et de sa connaissance des « bons endroits » où se restaurer, je me régale chaque midi de la délicieuse cuisine israélienne et méditerranéenne. J'en ai d'ailleurs pris tellement goût, que je suis revenue avec deux kilos en plus !!!

Et oui, j'adore les petits bars-restaurants de la ville ou du bord de plage, où nous nous arrêtons. On me parle facilement dès que l'on entend mon accent, et souvent on continue de me parler en français. Shlomo connaît tout le monde, il adore discuter et aurait pu vendre n'importe quoi à n'importe qui !

Pour la plupart d'entre eux, les jeunes Israéliens ont habité à l'étranger et parlent souvent plusieurs langues. Après leur service militaire (deux ans pour les femmes et trois pour les hommes), la majorité part voyager en Asie, aux États-Unis où ailleurs.

Un de mes rêves est de me rendre dans un kibboutz (exploitation agricole collective dans l'État d'Israël). Shlomo, que j'ai mis au courant, me propose donc de l'accompagner pour le week-end, dans le kibboutz où habitent son oncle et sa famille. Très emballée, je réponds oui tout de suite, tout en m'arrangeant avec lui sur le prix du transport !

Après avoir dit chaleureusement adieu au charmant couple qui m'a logée pendant plusieurs nuits, me voilà donc partie avec mon taximan, le samedi matin, en direction d'un Kibboutz qui se trouve à environ 2 heures de là, dans le sud. C'est notre dernière étape commune car je désire continuer, ensuite, le tour du pays.

Les kibboutz sont très « à la mode » dans les années 80. Beaucoup de jeunes volontaires du monde entier (travailleur bénévole pour un temps minimum), juif ou non, viennent y vivre pour quelques mois ou plus. J'ai donc une idée très « romantique » de ce qu'ils sont et comment on y vit. Je pense même sérieusement à ce moment-là de ma vie, de revenir en Israël un peu plus tard, et devenir à mon tour volontaire pour une année.

Comme cela a été arrangé avec son oncle, nous décidons de dormir une nuit sur place. Je suis une étrangère et pas « volontaire », ma venue a donc dû être « négociée ». Shlomo m'a fait passer ainsi pour quelqu'un de la famille vivant en France et en visite touristique ici pour quelques jours...

Dès notre arrivée, sa famille nous accueille avec chaleur et nous faisons connaissance de manière joviale. Leur plus jeune fils, d'environ dix ans, ne lâche pas ses parents et m'explique que la semaine ils sont séparés, car l'éducation des enfants est prise en charge par le kibboutz et tous logent dans un bâtiment à part, dès leur plus jeune âge. Il ne revient chez ses parents que du vendredi soir, jour de sabbat, au samedi soir, et il me confie qu'il en souffre énormément. Le pauvre, je revois encore son regard si triste. Le choix de vie de ses parents n'est pas à son goût, c'est évident !

Nous faisons bientôt le tour du lieu, des terres et des différents bâtiments, guidés par l'oncle de Shlomo et son fiston qui ne lâche pas sa main. Il nous indique notamment la petite maison qui est prêtée par le kibboutz, normalement destinée aux volontaires, mais où nous allons passer la nuit.

Nous dînons, comme tout le monde, dans la pièce commune et nous rejoignons les jeunes du lieu, résidents permanents ou volontaires. Tout ce monde est en grande conversation et boit joyeusement en parlant hébreu, anglais et bien d'autres langues. Bref, il se dégage ici une ambiance internationale que j'adore et qui me convient à merveille. Assis en face de moi, un jeune volontaire, bel homme, grand, aux yeux clairs et au corps bien bâti, d'origine européenne, me regarde constamment et commence à parler un long moment avec Shlomo. Je n'y prête pas trop attention surtout qu'il essaye d'attirer mon regard.

Nous échangeons quelques mots ensemble, mais je l'évite, car il est déjà complètement soul.

La soirée se termine et nous rejoignons notre petite maison, Shlomo et moi. Lui va dormir dans le salon sur le canapé, et moi dans la seule chambre.

Au milieu de la nuit, j'entends du bruit dans le salon et deux voix d'homme, dont une très forte. Soudain, la porte de ma chambre s'ouvre et quelque peu surprise, je vois apparaître le jeune qui me regardait à table, avec insistance. Il se rapproche de mon lit en titubant et encore plus soul que quand nous avons quitté le réfectoire. Je le somme à l'instant de sortir, mais il reste là, hagard, comme perdu. J'insiste encore et en sortant de mon lit, je le repousse dehors, ce qui n'est pas facile pour moi vu sa taille et l'état dans lequel il est.

Après plusieurs tentatives, il sort finalement de la chambre, en titubant toujours. Je m'énerve alors sur Shlomo en lui demandant comment cet individu a pu rentrer dans le salon, alors que tout était fermé à clé ! Et là, je finis par comprendre. « Monsieur Shlomo » m'avoue qu'il a négocié avec le « soulard » son entrée dans la maison. Il lui a assuré de lui ouvrir la porte à une heure du matin, suite à son insistance !!!

Le lendemain matin, au petit-déjeuner, qui est servi également dans le réfectoire, il y a une effervescence différente du dîner et beaucoup de jeunes me dévisagent avec curiosité. Je demande à une jeune femme avec qui j'avais sympathisé la soirée précédente, ce qu'il se passe ici ?

Elle me raconte alors que tout le monde est au courant qu'un jeune, ivre de surcroit, a débarqué en pleine nuit dans la chambre où je dormais, avec des intentions à mon égard, que je ne partageais pas du tout en plus. Elle me confie également qu'elle sait parfaitement le rôle que Shlomo à jouer dans cette affaire.

Je comprends mieux ! Voilà pourquoi ce matin, en me voyant, chacun cherche à exprimer son opinion et à raconter sa version de cet événement. Cela ressemble vraiment à l'atmosphère des petits villages où personne n'a de secrets pour personne !!! Il est vrai que le kibboutz possède plusieurs rues où les maisons des volontaires sont les unes à côté des autres. Suite au boucan qui a suivi l'intrusion de ce jeune homme à une heure du matin, mon histoire a donc fait rapidement et copieusement le tour des lieux !

Enfin dégrisé et super mal à l'aise, le voilà d'ailleurs qui fait son apparition dans la pièce. Il me jette un regard de côté et passe le reste du repas la tête plongée dans son assiette, à l'écart, sans parler à personne.

Pour être honnête, j'ai pitié de lui, mais je ne vais cependant pas lui adresser la parole... Je me dis qu'il a encore des mois à passer sur place et que cette mésaventure va lui rester collée comme une étiquette, jusqu'à la fin de son séjour.

Après le petit-déjeuner, je file prendre le bus pour la Mer Morte, pas mécontente du tout de quitter cet endroit. L'arrêt est situé à seulement quelques minutes à pied du lieu.

Je n'ai pas l'occasion de dire au revoir à Shlomo, qui a totalement « disparu ». Cela me convient très bien, car je suis bien plus fâché contre lui que contre ce grand gaillard qui avait l'air complètement paumé et vraiment pas fier de lui, ce matin.

En tout cas, ma conclusion est claire, la vie au kibboutz n'est pas faite pour moi !

Ce n'est pas par hasard qu'après l'engouement de l'après-guerre, trente ans plus tard, il se sont petit à petit pratiquement vidés de leur kibboutzim. Dans tout Israël, ils ne représentent plus actuellement que 1 % de la population totale juive.

Après quelques heures de trajet, j'aborde finalement la Mer Morte et les paysages fascinants qui l'entourent. J'y suis arrivée tranquillement, par une route en lacet, laissant derrière moi des paysages regorgeant d'arbres, de fruits et de légumes pour finir dans des montagnes de plus en plus arides et désertiques. J'ai l'impression d'être sur une autre planète. Mais qu'est-ce que c'est beau ! À l'époque, il y a peu de logements disponibles, mais je trouve quand même une chambre dans un petit hôtel.

Après avoir enfilé mon bikini, je passe l'après-midi à « patauger » dans cette eau salée à outrance et à me laisser porter par le sel. Il fait une chaleur étouffante. Je me balade bientôt sur les bords de cette mer qui ne ressemble à rien de ce que j'ai pu voir dans ma courte vie. Je suis fascinée par tant de splendeur, et le coucher de soleil qui se présente, semble à son tour irréel et sublime !

Le lendemain, nouveau trajet en bus, le long du désert du Néguev, jusqu'à la station balnéaire d'Eilat. Il n'y a là que deux hôtels sur toute la côte de la Mer Rouge, côté israélien. Un homme que j'ai rencontré à Tel Aviv, quelques jours auparavant, via une copine Belge, y travaille depuis quelques jours en cuisine.

Sa copine l'a accompagné. Ils sont logés dans une des chambres de l'hôtel quatre étoiles où il travaille. Le couple me propose donc gentiment de partager leur chambre. Ensemble, on déplace alors l'armoire et je me retrouve à dormir dans un divan d'un côté et eux dans le grand lit de l'autre. Vu la situation, je ne vais rester qu'une nuit, ne me sentant pas dans de bonnes conditions. Je n'ai d'autre part pas les moyens de m'offrir ces hôtels de luxe avec mon budget de globetrotteuse, et les petites pensions sur le bord de mer ne m'inspirent pas du tout ! Et pour clôturer le tout, il fait tellement chaud, qu'une journée ici est bien suffisante.

Cela me laisse quand même largement le temps d'aller marcher le long de la magnifique plage, de louer un masque et un tuba pour profiter de l'eau, chaude et transparente, et une fois en place sur ma tête, de m'y assoir pour observer les profondeurs.

Je dois l'avouer, je vis là un des plus beaux moments de ma vie. La mer grouille de poissons de toutes les couleurs et de coraux aussi colorés et diversifiés que ces petits êtres aux nageoires. Je les regarde fascinée, comme si je regardais à travers un aquarium géant. C'est si magnifique que mon dos est brulé de demeurer tout ce temps au soleil, tandis que j'admire toute cette vie qui s'agite autour de moi, dans le bercement des vagues.

Vingt ans plus tard, je suis revenue à Eilat, mais entretemps, elle s'était transformée en une station balnéaire à la mode, saturée d'hôtels de toutes les catégories.

Je suis retournée à la plage me baigner dans la mer, en quête de cette joie de retrouver les coraux et ses habitants de toutes les couleurs. Quelle énorme déception ! Il ne restait presque plus de poissons et beaucoup de coraux étaient très abimés. Le tourisme et l'avidité de l'homme détruisent tant de beauté...

Après avoir dit au revoir à mon couple d'amis et pris une bonne douche, je monte dans le bus, en fin de journée, direction le Nord. Je vais repasser par Tel Aviv et terminer ma visite du pays par les villes de Haïfa, de Nazareth et le lac Tibériade.

Ce « petit » pays, encore plus petit que le mien, m'a énormément impressionnée à l'époque. Déjà par les potagers énormes que ses habitants ont développés dans le désert, ensuite par le brassage des différentes ethnies et de leurs cultures présentes. Israël est déjà, dans les années 80, à la pointe au niveau informatique et médical.

La présence militaire était aussi impressionnante mais s'oubliait très vite, après quelques jours sur place.

Quand je rentre en Belgique à la fin de mon séjour, je suis encore plus amoureuse de la vie.

Les magnifiques paysages si diversifiés qu'offre ce pays, les différentes cultures dans lesquelles j'ai baigné en Israël et dans mes autres périples, les magnifiques rencontres que j'ai pu faire sur notre planète entière, m'ont à jamais convaincue que voyager demeure la plus grande des richesses !

CHAPITRE 18

Choix de vie

À mon retour au plat pays, dès le début octobre, je suis engagée pour un remplacement de trois mois dans l'agence de voyage où j'ai fait mon stage de fin d'étude.

En effet, Christiane, mon ancienne collègue, part voyager en Inde et me voilà à nouveau dans ce bureau, heureuse de cette opportunité.

Mais je m'ennuie à nouveau très vite ! De surcroit, je ne suis pas efficace dans ce travail et pas très intéressée de le devenir. Heureusement qu'en octobre c'est tranquille. À l'inverse, en novembre et décembre, cette situation va changer, avec la vente des semaines de sports d'hiver et des ski-pass qui les accompagnent. Il y a toujours cependant la vente de quelques voyages à destinations lointaines qui me font rêver, ainsi que ma collègue, Annie. De nous deux, je ne sais pas laquelle plonge le plus souvent le nez dans les revues touristiques, présentes dans l'agence, dès que nous avons un peu de temps libre.

Pendant cette période, je reçois une lettre de mon ami Éric, qui fait partie de cette drôle de bande avec laquelle nous nous réunissons devant la carte du monde, dans la cave-chambre de Jean-Marc. Il est reparti voyager depuis plusieurs mois en Australie puis au Japon. Pour l'instant, il vit à Tokyo où il donne des cours d'anglais dans une école. Je lis sa lettre avec intérêt, surtout qu'elle se termine ainsi : « Si tu veux voyager, ici il y a du travail ! »

Mon sang ne fait qu'un tour, je décide aussitôt d'aller le rejoindre au plus vite à Tokyo. Je lui réponds donc par courrier mon intention de venir dans quelques mois, le temps de réunir la somme pour le billet d'avion et de quoi vivre sur place.

Il me faut maintenant réfléchir à comment gagner de l'argent rapidement car comme je l'ai écrit précédemment, ce n'est pas dans le tourisme que l'on gagne sa vie, en tous cas pas dans les agences de voyages.

Mon remplacement se terminant bientôt, je fais le tour des restaurants du centre-ville et je suis engagée pour travailler dès le début janvier dans l'un d'entre eux. Je trouve ensuite, comme travail supplémentaire, un autre restaurant pour la soirée du 31 décembre, où ce soir-là le salaire est doublé.

Je me souviens d'ailleurs d'un client venu en amoureux avec sa femme, dans le restaurant où je travaillais pour le réveillon de la Saint-Sylvestre, en 1983. Je leur apporte leurs entrées. La sienne sort du four et la chaleur est telle qu'en arrivant à sa table, je dépose son plat trop vite, ne supportant plus la forte température qui traverse même la serviette que j'utilise pour le transporter. Celui-ci glisse alors et une partie de la sauce termine sa course sur son beau pantalon ! Nous sommes le 31 décembre et il est vêtu d'un très joli costume clair. Il s'énerve aussitôt, m'engueule ! De mon côté, je ne suis pas fière du tout, et j'essaye de réparer ma faute du mieux que je peux. Au bout d'un moment, en me voyant me démener ainsi, il finit par se calmer et s'excuse même de s'être autant emporté. En partant, il va d'ailleurs me laisser un très bon pourboire. À mon avis, il n'a sans doute pas pu récupérer son pantalon, la sauce était bien trop grasse et bien trop crémeuse !

Ma fin de soirée a été excellente. Le patron, enchanté de la recette, m'a même offert un supplément en plus du salaire prévu. Les pourboires ont été très abondants et cerise sur le gâteau, il m'a donné aussi une cartouche de cigarettes. Comme j'étais fumeuse à l'époque, ce fut donc avec un large sourire que j'ai quitté le restaurant, les pieds en compote néanmoins !

Je n'avais plus qu'à rejoindre mes amis pour fêter la fin de 1983 et le début de 1984...

Après avoir travaillé trois mois environ dans cet autre restaurant, attendant impatiemment ma date de départ, j'achète un billet d'avion, open pour un an, destination Tokyo. Il me reste l'équivalent de 400 € dans la poche pour mes dépenses sur place, avant de quitter la Belgique !

Mon frère ainé fait tout pour que je change d'avis, et me propose même de m'offrir la garantie et l'équivalent de trois mois de loyer afin que je loue un appartement à Bruxelles et reste en Belgique. Plus intellectuel que moi, il n'a pas mon goût pour l'aventure et les destinations lointaines, et trouve mon projet insensé.

Je ne lui cède pas, et forcément le fameux jour arrive. Je me retrouve à nouveau avec mon sac à dos, radieuse, un grand sourire aux lèvres, prête pour le départ. Ma fidèle maman me conduit et m'accompagne jusqu'à la douane de l'aéroport de Bruxelles. Sa seule fille, la plus jeune de ses trois enfants, s'envole encore à l'autre bout de la terre, et elle ne sait même pas pour combien de temps.

Mais là, elle me dit la plus belle phrase que l'on peut dire quand on aime, car aimer c'est laisser l'autre vivre ce qui le nourrit pleinement :

« Je ne suis pas triste que tu partes, car je te vois tellement heureuse de partir. »

Andalousie, village de Mijas, dimanche 26 mars 2022